知れば知るほど面白い！

日本地図150の秘密

日本地理研究会編

彩図社

はじめに

日本地図を眺めると、まったく読めない地名やおかしな県境など、「おや？」と疑問に思うものがいくつも見つかる。普段は意識することが少ないかもしれないが、実は、こうした疑問をひも解くと**日本各地の風習や事件、自然など意外な事実を知ることができる**のだ。

例えば、地図を見ると境界線がきっちりと引かれているが、実は**都道府県の半数は境界が確定していない**。それには山や川など、境界があいまいな自然物を境に暮らしていた日本の歴史が関係している。あいまいなままでも生活に支障がなかったため、はっきりとした境界線が引かれなかったのである。

一方で、境界をめぐって問題が発生したこともあった。現在は東京都に属している伊豆諸島は、その名が表すように江戸時代までは伊豆国（静岡県）に属していた。しかし、江戸と交易を結んでいた伊豆諸島の住民が、廃藩置県などによって静岡県に属すのを嫌がったため、伊豆諸島は東京都に編入されたという。

地名にはその土地の歴史や文化を知る手がかりが残されていることが多い。北海道の稚内や登別は全国的にもよく知られた地名だが、これらをはじめとする北海道の地名には、本州とは異なるアイヌの文化が反映されているのだ。登別はアイヌ語で「ヌプル・ペッ」、「色の濃い川」を意味し、温泉水で濁った川の様子を表している。

また、**昔からある地名が消えてしまうことも少なくない**。原宿や汐留など、東京の有名な町も、駅名としては残っているが地名自体は実はもう存在していない。その原因は１９６４年に開催された東京オリンピックにあったという。

こうした境界や地名、さらには地形や歴史などの観点から見ると、日本地図の魅力を余すところなく堪能することができる。

本書では、地図から日本の姿に迫り、日本地理の秘密を１５０の項目にわたって徹底解明する。身近な地名の由来から、あっと驚く不思議な地形まで、さまざまな項目を収録しているため、どこから読んでも楽しんでいただけるだろう。

この本を読み終えた後、視点を少し変えて地図を見れば、これまでに気づかなかった日本の姿を再発見できるのではないだろうか。

２０１９年2月　日本地理研究会

知れば知るほど面白い！

日本地図150の秘密

目次

第2章 意外と知らない日本一と世界一

第3章 人に話したくなる地名の秘密

第4章 知れば驚く日本の地形

第5章 地図で読み解く歴史の謎

篭 家謙聖
四十り十六丁余
往山蒸茄 布
五九十アり二丁余
名産 鳴謙
十八り三丁ノ余
涙 宗内 物産 織物
千九り廿三丁余
名産 漆器
伎礦物
下
山 名産 石器
物産 紙 蚕 縺
七り十七り余
名産 蓑笠 石炭
浦 物産 石級 海草
珍物
山 永見港
八十九り十九丁余
吉浜 名産 縮布 鮭
産 獼猴 海草
府 檀特山
下 名産 雉石 木栽
新山 圓誠
發下 名産 海参
天の橋立
下
名産 瑪瑙
下
名産 銅
名産 雲母

第1章　知られざる県境の秘密

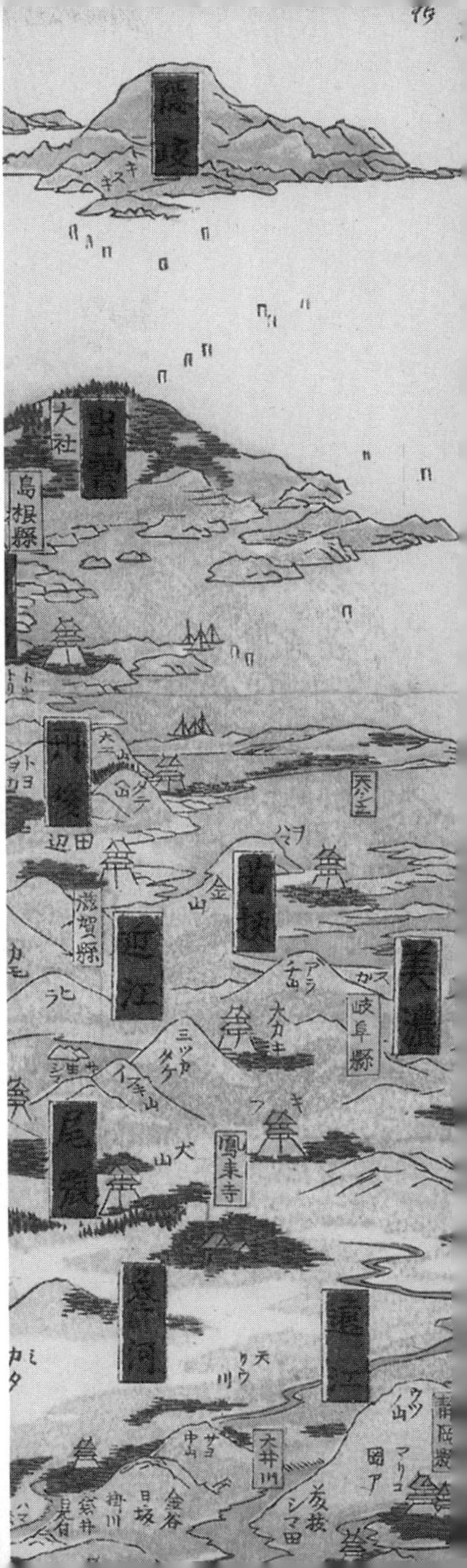

001 県境はどのように決められたのか？

日本の1道1都2府43県を分ける県境。昔から今のような区切りだったわけではなく、現在の形になるまでに様々なトラブルがあったようだ。

現在の県境のもとになっているのは、**奈良時代の旧国境**である。北海道と沖縄を除く、66国2島に分けられ、幕藩体制の頃には300を超える藩によって諸国は統治された。新政府に変わり、中央集権を進めるため、各自が強い政治力を持つ藩を廃して県を置く、「廃藩置県」が行われた。これによりすべての藩は消滅し、県は統廃合を繰り返して3府302県→3府72県→3府35県と推移していく。

このとき、それぞれの地域性や県ごとの経済力、人口などを考慮してはいたが、**財政基盤の弱い県は隣県に統合されがち**で、住民は強引に統廃合をすすめる政府に不満を抱いていた。特に、廃合された県の住民たちによる紛争があったため、一部で分県を認めることになった。

紛争が起こったのが、石川・富山・福井の地域である。廃藩置県によって石川県は加賀、能登、越前、越中を包括する巨大な県になった。しかし地域によって文化などが違うため、南部が滋賀の若狭郡とくっついて福井県となる建白書を提出。これが見事に通ってしまった。そうなると次に不満の声を上げたのが北部の住民だ。税負担の配分や、土木費などの問題で加賀・能登側と越中側が激しく対立し、その結果、富山県として独立することとなった。

それよりも明治政府が危惧したのが、**鳥取県**である。山陰地方は島根県、浜田県、鳥取県に分かれていたが、3府35県のときに、島根県は山陰地方全範囲を統べる広大な県になっていた。東端から西端までが東京～名古屋間に匹敵するほど広く、島根県令は業務に耐えられないと辞職。辞職理由はそれだけでなく、旧鳥取藩士の暴動に手を焼いたからだ。**島根県への編入に不満を抱いた鳥取藩士は反対運動に専念してしまい、働かなかったために生活が困窮した**。見かねた政府が、鳥取県を独立させることにしたのだ。

他県の独立には何年もかかったのに、鳥取県の独立には2カ月しかかからなかったというから、よほど目に余ったのだろう……。

3府35県当時の県境（1876～79年）

002 山形県と新潟県の間に幅1メートルの福島県がある

北海道、岩手県に次いで日本で3番目に広大な面積をもつ福島県。その一部が、「へその緒」のように山形県と新潟県の間にあるというのだ。

それは、福島県北西部の飯豊山《いいでさん》頂上にある**飯豊山神社へと続く参道**である。幅は3尺、つまり1メートルにも満たない。またげばすぐに新潟県か山形県である。

なぜこのようなことが起こったかは、1887年頃にさかのぼる。広大な福島県の当時の県庁は県北東部にあったため、西側に住む人々からは県庁移転を望む声があがった。そこで内務省は、福島県の北西部にあった東蒲原《かんばら》郡を新潟県に編入させることで解決をはかったのである。

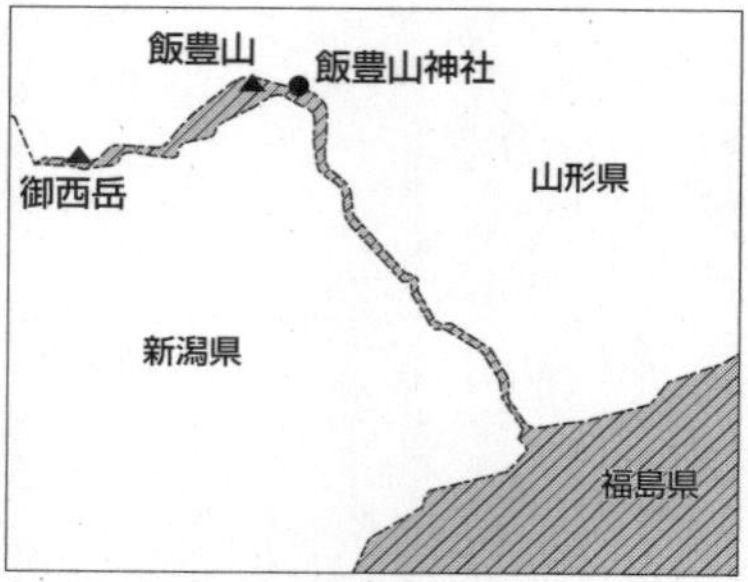

新潟県と山形県の間にある福島県（グレー部分）

しかし、それにより新たな争いが起こることとなった。東蒲原郡内の飯豊山をめぐる、福島新潟両県による県境紛争である。

飯豊山がただの山ならばここまでの争いはなかっただろうが、飯豊山は日本百名山にも選ばれる、会津の人々にとって篤い信仰の対象であった。福島県としてはそんな大事な場所を譲るわけにはいかないため、参道の入り口が福島県側にあることや、神社の所有権は福島県の一ノ木村（現・喜多方市山都《やまと》町）にあることを主張した。

一方の新潟県側も、飯豊山は新潟の実川村（現・阿賀町）に所属する古来越後の山であると主張。両者は一歩も譲らず、何も進展がないまま20数年が過ぎた。

しかし、このままでは両県の地域発展に支障をきたすと、１９０７年に内務大臣の判断を仰ぐことになった。その結果、一ノ木村の主張が全面的に認められ、飯豊山は福島県のものであるとの結論が出された。こうして、長らく続いた県境紛争は無事に終焉を迎えた。

これにより飯豊山頂上にある飯豊山神社やそれに続く参道も福島県に所属することになり、福島・新潟・山形の間に不思議な形の県境ができることとなったのである。

白い部分が飯豊山神社への参詣道兼登山道。道の左（東）側は新潟県、右（西）側は山形県である。（© Qwert1234）

003 埼玉県内に東京都がある?

東京都練馬区西大泉町《にしおおいずみまち》は広さ2000平方メートルにも満たない小さな町である。ここを地図上で確認すると、埼玉県新座《にいざ》市の中にぽつんと存在しているのだ。このように、**自治体の一部（または全体）が他の自治体の中に離れて存在する状況を一般的に「飛び地」という。**

ここが飛び地となった理由ははっきりしていない。ただ、かつてこの地にいた大名の領地がそのまま残り、新たな行政区分ができたため、飛び地になったのだと考えられている。

西大泉町は長らく飛び地であることすら認知されていなかったが、1973年に不動産業者が初めて土地の帰属問題に気づいた。土地の処遇について、練馬区は新座市への編入を考えているが、それは「その地（西大泉町）に住む全員の同意を得る」という国からの条件つき。当の住人たちから同意は得られないため、いまだに飛び地であり続けているのだ。

埼玉県新座市の県域にある、東京都練馬区西大泉町（図：左上）

004

都道府県の半数は県境が定まっていない？

日本地図を見ると、都道府県の間にしっかりと県境が記入されている。しかしその地図の縮尺を大きくしていくと、県境が定まっていない場所があるのだ。

実は、市町村境を含めて**都道府県内の境界がすべてはっきり決まっているのはたったの9県しかない**。その9県の内訳は、栃木、福井、奈良、島根、山口、愛媛、徳島、高知、長崎で、他はすべて、どこかしらが境界未定地なのだという。市町村境は定まっているが県境未定地があるのが23都県、県境ははっきりしているが、市町村境が決まっていないところは15道府県に及ぶ。

日本全国の境界未定地の面積をすべて足すと、約1万4983平方キロメートル、集約すれば岩手県にほぼぴったりおさまるほどの広さになる。

それほどの未定地をそのままにしておくなどいい加減だと思うかもしれないが、県境が決まっていない場所というのは、決まっていなくても特に問題が生じないためそのままになっているのである。何百年にもわたり境界があいまいで、そこに住む人々ですら、境界が決まっていないのを知らないこともよくある話なのだ。

005 綱引きで県境を決める県がある？

県境というのは、合併などがなければ、そう簡単に変わるものではない。というのが、多くの人の共通認識ではないだろうか。しかし、この日本には1年に1回、**綱引きで県境を決めている場所があるのだ**。

それを行っているのが、**静岡県と長野県**である。静岡県浜松市天竜区と長野県飯田市の境である兵越《ひょうごし》峠で行われる、「峠の国盗り綱引き合戦」が戦いの舞台である。ここでは静岡県側が「遠州軍」、長野県側が「信州軍」として、毎年10月の第4日曜日に綱引き合戦を繰り広げている。勝ったチームが、「国境」を相手側に1メートル動かすことができるのだ。

ただ、**もちろんこの「国境」は正式なものではない**。この戦いで定められた「国境」には「国境」と書かれた立て札が置かれるが、その隣にはしっかりと「告!!　この標識 国盗り綱引合戦に於て定めた国境である 行政の境に非ず」と記された立て札も置かれ

静岡県と長野県の境に位置している兵越峠

ており、あくまで両自治体の交流の一環で行われているのだ。

この戦いが始まったのは１９８７年で、それまでは両自治体の商工会青年部は野球などで交流を深めていたが、その年は綱引きをしようという案が出た。それもただ綱引きをするのではおもしろくない、「国境」を賭けようという話になった。これが「合戦」の始まりである。戦国時代から続く伝統があるというわけではないそうだ。

「合戦」はこれまでに28回開催されている。戦績は信州軍15勝、遠州軍13勝と信州軍が勝ち越しており、今までに信州側に「国境」が置かれたことはない。兵海のない信州軍は「信州に海を！」を合言葉にしているが、信州越峠から太平洋までは直線距離で約67キロメートルある。信州軍は最短でも６万７０００連勝しなければならないということになる。はたしてその日は来るのだろうか。

ちなみに、遠州軍が９万連勝すると、諏訪湖は遠州軍のものになってしまうそうだ。

現在この大会は、両市長による口上合戦、子ども綱引き大会などもあわせて行い、メインイベントとして国盗り綱引き合戦が行われる。全国でも屈指のユーモアあふれる町おこしだ。

兵越峠にある、「国境」の立て札と、正式な県境でないことを示す立て札

006

津軽半島は飛び地だらけ？

2000年代初頭に行われた「平成の大合併」によって、全国各地で市町村の合併が行われた。こうしたときに飛び地は発生しやすいものである。その代表ともいえる飛び地だらけの場所が、青森県の津軽半島にある。

以前この半島は五所川原《ごしょがわら》市、金木町《かなぎまち》、中里町《なかさとまち》、蟹田町《かにたまち》、今別町《いまべつまち》、蓬田村《よもぎたむら》、平舘村《たいらだてむら》、市浦村《しうらむら》、小泊村《こどまりむら》、三厩村《みんまやむら》の1市4町5村を抱えていた。これらを合併する計画が出たが、一つの自治体にしてしまうとさすがにデメリットの方が大きくなる。そこで三つの自治体に合併しようという計画が青森県から提示されたが、それぞれの考え方や利害関係の不一致が次々に浮かび上がってくる。

津軽半島の東側、**蟹田町、今別町、蓬田村、平舘村、三厩村の5町村を上磯《かみいそ》地域といい、初めはこの5町村を合併する動きがあった。**蟹田町や平舘村はこの動きに賛成したが、反対の姿勢を示したのが今別町である。反対理由はいくつか囁かれるが、**財力の小さい自治体同士が合併することにメリットを感じられない**ということらしい。一方、青森市に隣接する蓬田村は、

上磯として合併されるよりも青森市に編入されることを望む声もあり、結局こちらも話し合いから離脱することになった。

津軽半島の中央部では、**金木町、中里町、市浦村、小泊村の４町村が「十三湖町《じゅうさんこ》」として合併する動きがあった**。ところが協議中に金木町が離脱し、隣接する五所川原市との合併を選んだ。すると市浦村もそれに続いて五所川原市に編入され、残った中里町と小泊村が合併することになった。金木町と市浦村が五所川原市との合併を選んだ理由は定かではないが、観光面を考えてのことだろう。金木町は文豪・太宰治の出生地であり、市浦村は観光地でもある十三湖を擁する。財力のある五所川原市との合併にメリットがあったと考えられる。

結局、三つの自治体になるはずが、五所川原市、中泊町、外ヶ浜町、今別町、蓬田村の１市３町１村になった。**五所川原市、中泊町、外ヶ浜町がそれぞれ飛び地をかかえてモザイク状に入り組んでおり、その間にはどこにも合併されなかった今別町、蓬田村がある**。大変ややこしい状態だ。

広域合併の話も現時点ではあがっていないため、この複雑な飛び地はまだしばらく続きそうだ。

津軽半島の飛び地。モザイク状に入り組んでいる。

007 「太平洋側」と「日本海側」の境界はどこ？

「太平洋側は台風の被害が多い」、「日本海側は豪雪地帯が多い」……。このように、普段から区分の一つとして使われる太平洋側と日本海側。どちらかの海に面していれば判断はつきやすいが、日本列島を太平洋側と日本海側に分けたときの境界はどこになるのだろう？

それは**「中央分水界」**と呼ばれる境界である。この名称になじみのない人もいるだろう。

まず、降った雨が西か東、または北か南のどちらに分かれるかの境界線を、「分水嶺《ぶんすいれい》」あるいは「分水界」という。基本的には、山の峰と峰を結んだ線、つまりは自然をもとにしている。中央分水界という場合は、**日本列島の中央部を走る山脈**が、その境界だ。北は北海道の宗谷岬から南は鹿児島県の佐多岬まで、**その全長は約5000キロメートルにも及ぶ。**

とはいうものの、実はこの中央分水界をはっきり定めるのは難しい。理由として、日本列島の周りの海域を、

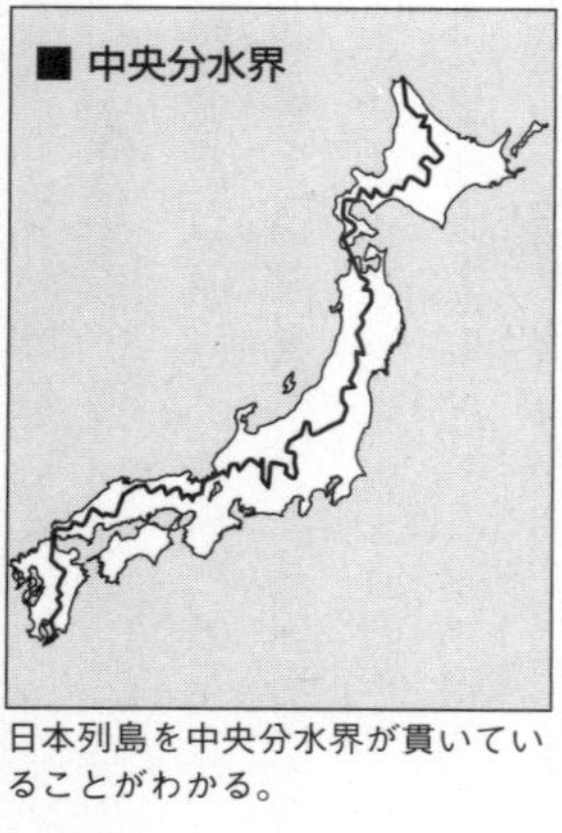

日本列島を中央分水界が貫いていることがわかる。

明確に太平洋と日本海に二分することができないからである。海域の定義は機関によって異なるが、海図の作成を行う海上保安庁においては、津軽海峡は日本海とも太平洋ともされていないようだ。

ちなみに、**日本で最も高い地点にある中央分水界は北アルプスの乗鞍岳《のりくらだけ》**で、標高約３０２６メートルを誇る。一方で**最も低い地点にあるのは兵庫県丹波市にある水分《みわか》れ橋**で、その高さはわずか約１０１メートルだという。

実は、日本山岳会が２００５年に全国の中央分水界を定める調査を行っており、その際に北海道の新千歳空港付近に最も低い中央分水界があるという結果が出た。しかしその高さは20メートルほどで、大雨でも降ろうものなら分水界の位置が変わりかねないという不明瞭な場所なのである。

この調査結果のため、水分れ橋のある丹波市は、「本州一標高の低い中央分水界」と名乗っている。

このように、太平洋側と日本海側を分ける中央分水界が存在しているのだが、場所によってはあいまいな部分もあるようだ。

最も低い分水界、水分れ橋。左は瀬戸内海、右は日本海に流れ込む。（© Kansai explorer）

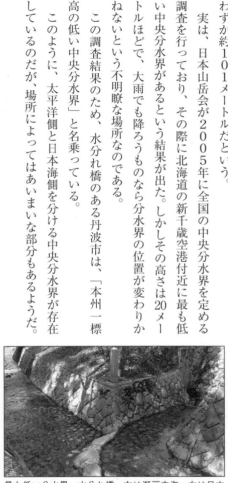

008

県を越えて合併された村がある？

引越しをしたわけでもないのに、ある日を境に隣の県に住むことになった……。どういうことかと思うかもしれないが、これは実際に起こった事例である。

平成の大合併により、多くの自治体が合併されその名を消していった。その中の一つが、**旧長野県木曽郡山口村**である。この地は近代の文豪・島崎藤村《しまざきとうそん》の生まれ故郷でもある。**山口村は平成の大合併により、隣の岐阜県中津川市に編入されることとなった。**

合併というのは普通は同じ都道府県内で行われるものだが、地理や経済的理由から越県合併を行うことがないわけではない。しかし２００５年に行われたこの合併より前の例を見るには、１９６８年までさかのぼらなければならない。大変珍しい事案だったのである。

そんな合併だったため、トラブルも多かったようだ。平成の大合併当時の長野県知事・田中康夫氏は、国が進める大合併運動に反対の姿勢をとっていた。両市村からの合併申請があったにもかかわらず、定例県議会への合併関連議案提出を3度にわたり見送ったのだ。藤村の生まれ故郷を岐阜に渡してなるものか、という思いだろう。

しかしそんな知事の思いもむなしく、県議会議員らによる合併関連議案が提出されたことで、田中氏は合併案を可決することとなる。こうして、藤村の故郷は岐阜県へ移ることとなった。

ただ、この争いはこのとき初めて勃発したというわけではない。昭和の大合併の頃にも、同じような問題が起こっていた。当時、藤村の故郷である馬籠宿《まごめじゅく》は神坂村《みさかむら》という名前で、その神坂村が岐阜県の中津川市と合併されるという話があがったのである。元々中津川市に生活圏があった神坂村だが、住民同士でも合併に対する意見が分かれ、暴動が起こるほどの騒ぎになったという。

この問題は国まであげられその判断を仰ぐことになった。その結果、馬籠宿を含む地区は長野県の山口村に合併する形で長野県にとどまり、それ以外は中津川市に合併することとなったという経緯があるのだ。

自分の生まれた村が消えたとわかったら、藤村はどのような思いを抱くのだろうか……。

2005年２月まで岐阜県と長野県の県境だった河原。手前が旧長野県木曽郡山口村、対岸が岐阜県だった。
（© Bakkai）

009

琵琶湖内の境界線はどうなっているのか？

日本最大の湖・琵琶湖。滋賀県の中心に位置し、周囲の大津市や彦根市をはじめとする10市4町に面している。その大きさのため対岸に渡るのも一苦労することから「急がば回れ」の語源にもなったそうだ。

かつては琵琶湖内に市町村の境界は存在しなかった。しかし、**自治体の面積に応じて国から地方交付税が支給されるため、少しでも面積を増やすべく、琵琶湖にも市境が引かれることになった。**関係する自治体の面積比に応じて、平等に分けられることになったのだ。これによって彦根市などは一日にして2倍の面積を得たという。

そもそも**湖や河川、山といった自然物は、それ自体が境界とされていたため、そのほとんどには境界が引かれていなかった。**しかし近年では行政処理の必要上、ほとんどの山や湖などに県境、市境が引かれているようだ。

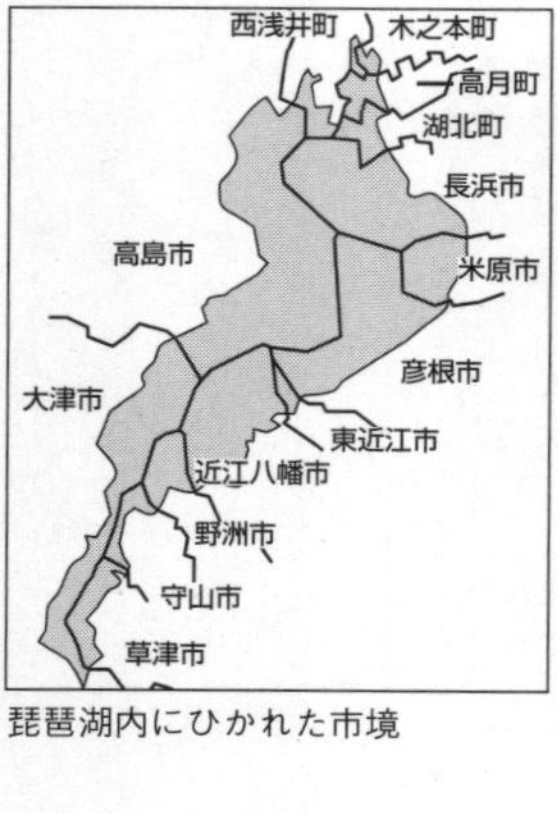

琵琶湖内にひかれた市境

010 富士山山頂の持ち主がいる？

富士山は静岡のものか、山梨のものか――。何度も耳にする論争だが、富士山にもしっかり県境が引かれている。しかし、**富士山を地図でよく見ると、頂上付近でその県境が途切れているのだ。**

富士山山頂は、静岡山梨のどちらでもない、**県境未定地**だとされている。徳川家康が、富士山山頂をご神体とする富士山本宮浅間《せんげん》大社に富士山の八合目より上を寄進したためである。その後明治に入り一度はそこも国有地となるが、その後「無償貸付」という形で浅間大社のもとへ渡る。しかし、戦後の政教分離のため国が神社に土地を貸すことができなくなってしまった。

そこで、浅間大社はその土地を譲ってもらうように国へ申請することにした。宗教活動のためということで、一部の無償譲与は認められたが、浅間大社はこれを不服として裁判所に訴えた。国のシンボルである富士山を私有化するとは、という反発もあったが、２００４年にやっと、**富士山八合目より上の、気象観測所や登山道を除いた部分が浅間大社に譲与されることとなった。**

現在、静岡山梨両県は、山頂は県境未定地のままにし、お互いに環境保全につとめようという方針で一致しているそうだ。

011

住所不定の島が九州に存在する

島国である日本には6852もの島が存在し、そのほとんどはいずれかの市町村の管轄とされているが、**どこの管轄にも入らない住所不定の島もある。**それが、鹿児島県南さつま市の南西にある、**鷹島《たかしま》**と**津倉瀬《つくらせ》**だ。

理由は定かでないが、付近の有人島から離れていること、そして、岩礁ほどの大きさしかないという小ささのため、しばらく2島の存在が認知されていなかったことが原因だと考えられている。そこに住人はいないため行政上の問題もない。よって、この2島はいまだに**「所属未定地」**という扱いなのだ。一応鹿児島県に含まれるが、所属未定地のため2島に本籍を置くことはできない。

ちなみに、所属未定地とされている島は、東京都の鳥島やベヨネース列岩をはじめとして他にも9カ所存在するそうだ。

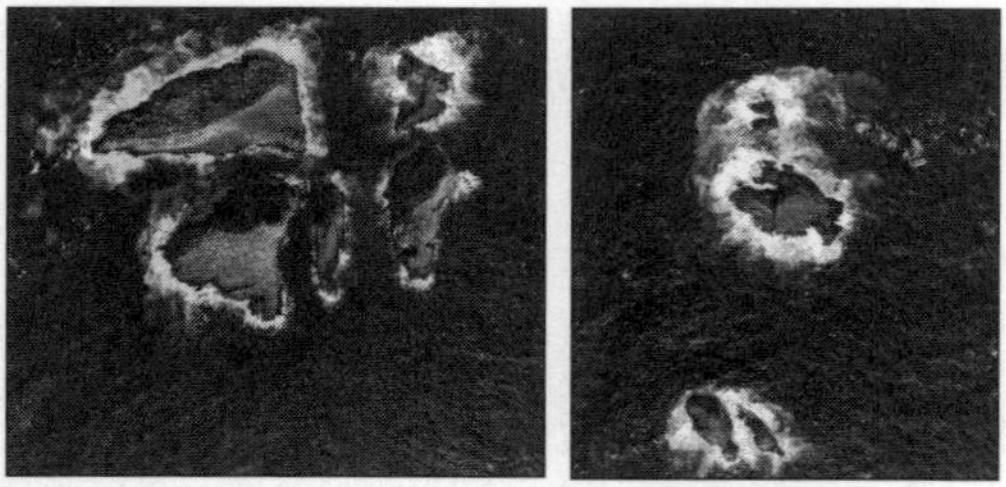

鷹島（左）と津倉瀬（右）（画像引用：国土地理院ホームページ）

012 たった1日しか存在しなかった市がある

大阪府の「南大阪市」や東京都の「秋多市」をご存知だろうか？　「知らない」という人がほとんどだろう。実はこれらの市は、**たった1日しか存在しなかった幻の市**なのである。

南大阪市は、１９５９年1月15日にたった1日だけ存在した。次の日には、羽曳野《はびきの》市という名前に改められた。なぜかというと、新市名の決定が申請に間に合わなかったということらしい。それまで「南大阪町」という地名だったため、とりあえず「南大阪」として申請したのだそうだ。東京都秋多《あきた》市についても、同様の理由である。１日だけの市は他にもあり、その理由は**既存の市名とかぶってしまったために変えざるを得なくなった**というものだ。北海道広島市（現・北広島市）や京都府田辺市（現・京田辺市）などがその例である。

一つだけ、特殊な例がある。茨城県茨城市（現・北茨城市）である。１９５６年に1日だけ存在し、住民の猛反対により改名された。茨城市は県の最北部にあり、県庁所在地でもない。それが県と同じ名を名乗るとはどういうことか、という声が他の自治体からあがったのだ。市には当然そこに住む人がいるわけで、安易に名づけると大変な騒動になりかねない。

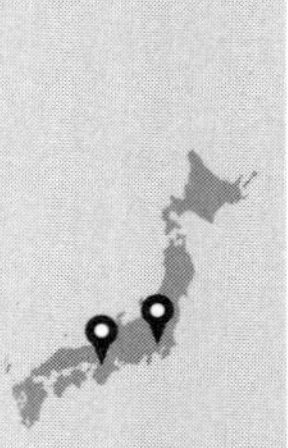

013 市町村はどのような違いで区別されるのか？

行政区分の一つにあたる市町村は、なんとなくその順序通りに規模が大きいというイメージがある。しかし、正確にはどのように区別されているのだろうか？

区分の判断基準の一つに人口がある。**市は人口5万人以上**とされ、他にも地方自治法で定められた条件がいくつかある。人口50万人以上になると政令指定都市に定められる資格を得る。

町と村の区分だが、法律で明確に定められていないのが現状である。しかし**村から町になるためには、各都道府県が条例で定める町としての要件をそなえていなければならない**。およそ人口５０００～１万人以上を必要とする条例を定めた都道府県が多い。申請時にその人口に達していればよく、規定の人数を下回ったとしても再び村になるということはないようだ。

市町村の間に「格の上下」はないが、村より町が「上」という認識を持つ人が多いだろう。実際に、平成の大合併前後で村の数が大きく変動した。平成に入る前は全国に６０１あった村も、１８４村に減ってしまった。ちなみに村の中で最も人口が多いのは沖縄県の読谷村《よみたんそん》で、村のホームページによれば２０１９年１月時点で４万１４６４人の住民がいるという。

014
１番大きい市と１番小さい市はどこ？

平成の大合併により、規模が小さい自治体は、大規模な市などに次々と合併されていった。その結果、いろいろな市の大きさが変わった。日本一大きい市、逆に、日本一小さい市はどこになったのだろう？

まず**日本一大きい市は、岐阜県高山市**である。その面積は約２１７７・６７平方キロメートルを誇り、２位の静岡県浜松市より約６００平方キロメートルも大きい。さらに日本一小さい県、香川県よりも大きいのだ。一方、**日本一小さい市は埼玉県蕨《わらび》市**で、面積はたったの約5・1平方キロメートルしかない。東京23区最小の台東区の半分程度しかなく、１番大きい高山市の、なんと約４００分の１である。

ちなみに日本が実効支配している土地で最も大きい村は奈良県の十津《とつ》川村《かわむら》で、約６７２・35平方キロメートルもある。蕨市なら１３０以上入ってしまうほど広い村だ。

高山市、蕨市、台東区の面積の比較

015

国道100号は存在しない？

国道とは、日本を走る道路のうち、国が管理するものをいう。区間を定めてそれぞれ国道1号、2号といった呼び方をする。高速道路も「国道」の一つなのだが、単に国道というときは、一般道路を指すことが多い。ちなみに、「1号線」「2号線」と呼ぶ人もいるだろうが、この「○号線」という言い方は正式なものではなく、正しくは「1号」「2号」という。

国道1号は、東京都中央区から大阪府大阪市北区までを繋いでおり、総距離は約562・5キロメートル。旧東海道をほとんどそのまま踏襲している。また、2号は大阪市北区から福岡県北九州市門司区へ至る道路で、こちらも旧山陽道をほぼ踏襲している。国道1～4号はそれぞれの両端が接続されており、青森県青森市から鹿児島県鹿児島市まで一続きになっている。

国道は2019年1月現在、507号まである。しか

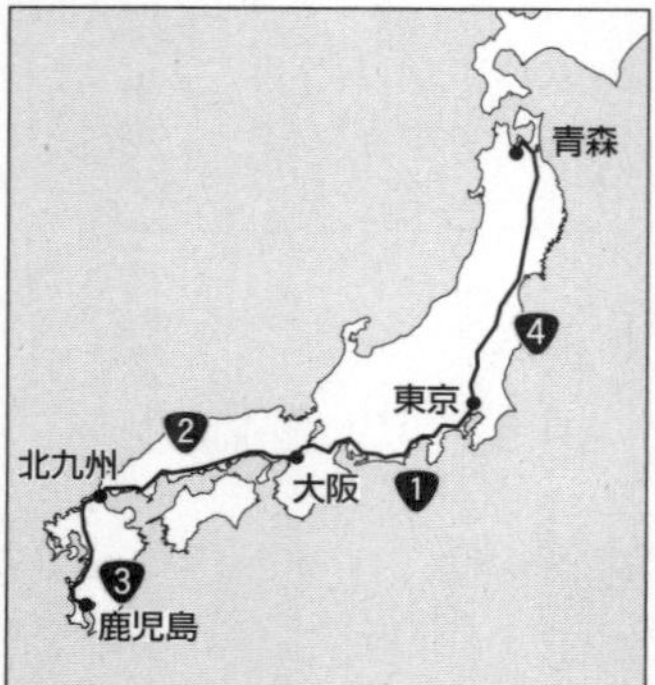

国道1～4号

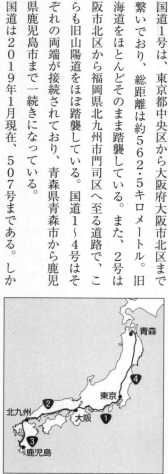

し、５０７号まで連番なわけではなく、**59～１００号がごっそり欠番となっている**のだ。そこには、ちょっとした秘密が隠されている。

１９５２年、全国の道路に関する法律として、道路法が定められた。これによって、国道は一級国道と二級国道の二つに分けられることになった。おおまかに、一級国道は、県庁所在地や主要都市を通る中枢となる道路、二級国道は主要都市と一級国道を繋ぐ道路という役割を持つ。この二つを区別するため、**一級国道には1桁あるいは2桁の番号をつけ、二級国道は3桁の番号をつけることになっていた**。

ところが、１９６５年に**道路法が改正**され、一級国道と二級国道は「一般国道」に統一された。そして、**これ以降に国道とされる道路には必ず3桁の番号をつけることになった**。改正前に一級国道は57号までであったが、以降2桁の番号をもつ道路は造られなかった。そのため、１００号までの欠番が生じたのである。

例外として、鹿児島県鹿児島市から沖縄県那覇市を繋ぐ国道58号がある。この道路は１９７２年、沖縄返還の後に沖縄県内の国道として特別に指定されたのだ。

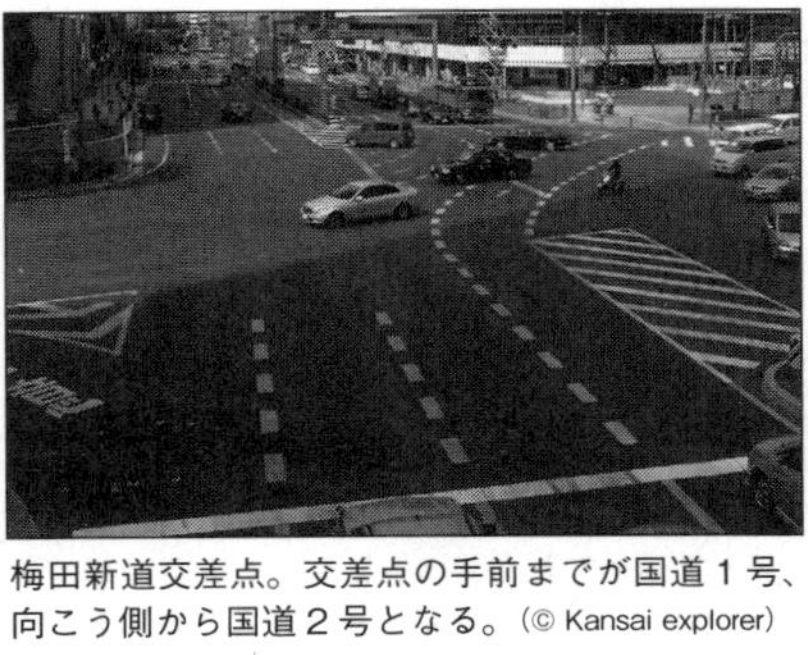

梅田新道交差点。交差点の手前までが国道１号、向こう側から国道２号となる。（© Kansai explorer）

016 海の上を走る国道がある？

先ほど国道58号についてふれたとき、その範囲に「おや？」と思った人もいるかもしれない。鹿児島市から那覇市に続く**国道58号は全長の3分の2近くが海上にある、海上国道**なのである。日本に459路線ある国道のうち24路線は海上国道だ。当然だが、海の上を車が走るわけではない。国土地理院によると、**「フェリーボートなどによって、道路と道路とを結ぶ1本の交通系統としての機能があると判断できれば、国道と指定」される**そうだ。

もちろん、道路として機能しているといっても、道を通ることができなければ意味はない。かつては国がフェリーの運航を行っていたが、民間企業がその役割を担った現在、利用者が減少すれば運航が休止され、フェリーの運航がなくなるケースもあるのだ。

その一例が、岡山県宇野港と香川県高松港を結ぶ国道30号上を走っている、「宇高《うたか》国道フェリー」だ。国鉄時代に運航を開始した「宇高《うこう》連絡船」が民営化に伴い「宇高国道フェリー」に名前を変え、運航会社も「宇高国道フェリー株式会社」に移管。2008年には運航を「国道フェリー株式会社」に移管したが、2012年に利用者減少により運休することになった。

017 日本なのにパスポートがないと入れない住宅地

パスポートといえば、海外に行く場合に必須のものだ。しかし、国内なのにパスポートがないと立ち入れない場所があるのだ。それが神奈川県横浜市の、**周りを米軍基地に囲まれた飛び地、「根岸住宅地区」**だ。その土地には現在も2世帯の日本人が住んでいて、住人を訪ねるために1度米軍基地内を通らなければならない。その際にパスポートの提示を求められるのである。

このあたり一帯は、戦前、住人世帯の所有地だったそうだが、戦後、アメリカ軍に居住区以外の土地を接収されたために、飛び地になってしまった。特殊な環境のため、**日常生活に制限が多い**。知人を招くにも申請が必要で、十年近く前までは、ライフラインすら制限されていたそうだ。しかし最近になってようやく返還が現実味を帯びてきた。米軍関係者はすべて退去し、新しい建物を建てないことにも同意している。いまだ協議中ではあるが、日本政府は2021年の返還を目指しているようだ。

年に1度、米軍基地内を開放するフレンドシップデーの基地ゲートの様子。居住区はゲート内のさらに奥。(©Masayuki (Yuki) Kawagishi)

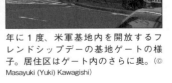

018 米軍基地は日本の領土？ アメリカの領土？

日本全国に約130カ所、面積にして約1027平方キロメートルあるという、米軍基地。沖縄にはその面積の約4分の1が存在する。米軍基地内は基本的には立ち入り禁止だ。年に1度程度開放されることもあるが、それ以外では基地関係者との繋がりでもなければゲートを越えることはできない。

では、この米軍基地はアメリカの領土なのか、日本の領土なのか、少し迷うところだ。答えは、**日本の領土**である。日本の領土を一時的にアメリカに「貸付」しているだけで、領土自体を譲り渡しているわけではないのだ。

したがって、**基地内においては日本の法令が適用される**。日本の業者が米軍基地内で建設工事などを行う際には日本の法令に則った申請手続きが必要だ。

しかし、駐留している米軍及び公務執行中の米軍人には、滞在国の法令は適用されないと国際法で定められている。もちろん、公務を行っていない米軍人やその家族には、日米地位協定上の規定がない限り、日本の法令に従わなければならないという決まりはある。

019 大使館内は治外法権が適用される？

大使館とは、国交のある外国に置かれる、自国の大使を駐在させ公務を行う場所をいう。基本的に駐在国の首都に置かれ、駐在国における外交活動の拠点となり、ビザの発行や現地にいる自国民の保護、広報活動などを行っている。総領事館もそれに近く、世界各地の主要都市に置かれ、その地方での広報文化活動などに従事する。そのため、総領事館は一国に一つとは限らない。

大使館の中は米軍基地とは違い、**駐在国の法律は適用されない**。大使館の敷地は不可侵とされ、**日本にある大使館で事件が起こっても、日本の警察は一切関与できない**のである。

外交官も「外交官特権」を持っており、その身体は不可侵とされ、ほとんどの訴訟を免れることができる。自家用車には「外交官ナンバー」と呼ばれる特別なプレートをつける。こういった特権がからんだ事件もあり、どう解決するかが問題となる。

駐日米大使館の車。ナンバープレートは青地に白抜きで「外 - ○○○○」という表記になる。（画像引用：The White House Blog）

020 東日本と西日本の境界はどこにある？

日本を二分するときによく使われるのが、「東日本」と「西日本」という呼称だろう。では、この東日本と西日本の境界はどこにあるのだろうか？　東西の境界は1カ所に定められているわけではない。行政区分や地質、文化などあらゆる点ごとに境界の位置が変わってくるのだ。

まず、地質学的にみれば、東日本と西日本の境界ははっきり存在する。それが、**フォッサマグナ**である。新潟県糸魚川《いといがわ》市と静岡県静岡市を結んで南北に走る線だ。

それに近い境界として、**電気の周波数**で分けるものがある。糸魚川と静岡の富士川沿いを境に東日本は50ヘルツ、西日本は60ヘルツとされる（境界付近には混在地域もある）。ちなみになぜ周波数が違うかというと、明治時代に発電機が外国から輸入されたとき、関東にはドイツ製の50ヘルツの発電機が、関西にはアメリカ製の60ヘルツの発電機が輸入され、その流れをくんだまま今に至るそうだ。

また、漠然と「近畿地方より東が東日本」と考える人も多いだろう。これは、奈良時代の頃の名残だと考えられる。かつては、伊勢の鈴鹿、美濃の不破、越前の愛発《あらち》に**三関《さんせき》**といわれる大きな関所があった。この3カ所の「関」所を境にして、「東」と「西」に分けた。それが現在の「関東」、「関西」という名称の由来である。ちなみに、天下分け目の合戦の舞台となった岐阜県の人々の中には、**「関ヶ原より東か西か」**で東日本と西日本を分ける人もいるという。

他の分け方はどうだろうか？　境界を作る要素の一つに、言葉があるだろう。「居る」を表現するのに、富山、岐阜、愛知以西は「おる」を、それより東では「いる」を使うという。いわゆる「関西弁」が使われるのは滋賀、三重県以西で、マクドナルドを「マクド」と呼ぶのもその付近からだそうだ。他にも「バカ」は東で、「アホ」は西で使われるというイメージだが、こちらは東西で二分するのが難しく地域色が強い言葉のようだ。

その他にはポリタンクの色でも東と西で違いが見られ、富山、長野、愛知付近を境に東は赤、西は青という違いがあるらしい。

文化の東西分布は富山、長野、愛知あたりが境界になるようだ。これは日本中部にそびえる**日本アルプスが文化を広げる際の大きな隔たりになっている**ためだと考えられる。

富山、長野、岐阜、愛知県付近（グレー部分）を境に文化が異なるようだ

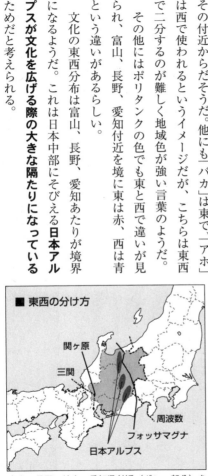

021 なぜ東京が首都になったのか？

国際的にも認知されている、日本の「首都」、東京。かつての都だった京都ではなく、なぜ東京が首都になったのだろうか？

それは関ヶ原の戦いに勝利した徳川家康が、江戸に幕府を開いたことが始まりといえるだろう。江戸時代の265年間に、**未開の土地から経済の中心としての役割をも担う大都市へと変わった**ことが一つの要因としてあげられる。

内陸にあり細い運河しかない京都と比べて、大海に面する江戸は東回り航路や西回り航路といった流通の拠点として優れていた。そんな江戸から首都機能を奪うと、仕事がなくなり失業者が増えることが予想された。そこで、幕末の戦いで京都の朝廷側が勝利したにもかかわらず、首都機能はそのまま敵側である江戸、つまり東京に置いたと考えられる。海に面している分、外国からの船が入りやすいことも理由の一つであった。

江戸幕府が大政奉還を行った後、都を大阪へ移すという計画もあったそうだ。新政府を作るにあたり、そのときは江戸の情勢が不安定だったため、代わりに近隣の大都市ということで遷都先の候補にあがった。ところが、首都機能がなくとも衰退する心配のない大阪と違い、江戸から首都機能を奪うことは都市の衰退に繋がりかねない。さらにその頃、江戸無血開城が行われたことで人々の関心は江戸に向いていた。こうした理由から、江戸に都を移したという。

しかし、**「東京は首都ではない」という説がある。**実は現行の法律で首都に関する規定がなく、そこにある首都機能から、国内でも国外でも「日本の首都は東京だ」と認識されているだけなのだ（ただし、東京都市圏を「首都圏」とする法律はある）。つまり、「日本に首都はない」ということも不可能ではない。過去には都が京都にあって、政府が東京に移ってから「首都は東京である」との法律がないことから、日本の首都は京都のままだとする説も存在する。

とはいえ、現在、首都に置かれるとされる諸外国の大使館が設置されているのはすべて東京であるため、東京は日本の首都でないというのは難しいだろう。

西新宿の超高層ビル群。富士山の手前には東京都庁がみえる。

022

当初の東京は23区の5分の1しかなかった

全都道府県中45番目という小さな面積でありながら、日本一の人口約１３３８万人を有する大都市東京。しかし、実はかつての東京は、現在よりもさらに小さな行政区だった。１８６８年に発足した東京府は、千代田区、中央区、港区、新宿区、文京区、台東区、江東区にあたる、**現在の23区のたった5分の1ほどしかなかった**のだ（当時は15区に分割されていた）。現在の23区が約６２２平方キロメートルなのに対し、当時は約１２０平方キロメートル。仮にも首都であるのに、どうしてこんなにも狭いのだろうか？

明治政府が行政区画を決めるとき、全国の府県のバランスをとる方法として、人口と面積の関係を重視した。つまり、**人口が多く経済力があるところは狭くてもよく、人口が少ないところには広大な面積を与えた**のだ。当初の東京府がこじんまりしていたのは、経済力と人口が抜きんでていた証でもあるわけだ。

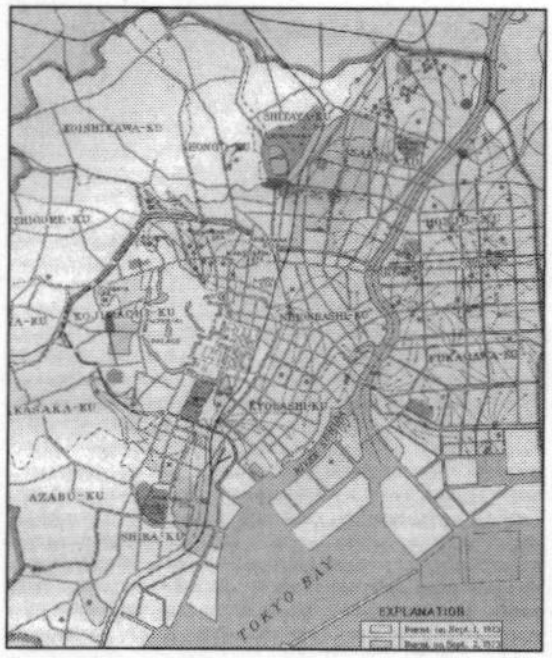

東京 15 区地図。下谷区と日本橋区の間の神田区が抜けている。（画像：関東大震災での消失地域図英語版・1933 年作成）

023

「東京23区」はその昔、「東京35区」だった？

東京23区という今となってはおなじみの区数だが、この数になったのは戦後のことで、かつては35区だったときもあり、ここに至るまでに様々な紆余曲折があった。

1868年の府制施行によって江戸から東京府になり、1878年に郡区町村編制法が制定され、東京府は23区の原型となる15区に分割された。さらに、1889年の市制・町村制によって15区の範囲は「東京市」と定められる。「東京都東京市○○区」という住所表記になったのだ。

大正時代に起きた第一次世界大戦による大戦景気もあり、昭和に入る頃には、都心だけでなく郊外にも人口がかなり増えていた。それを受けて1932年、**周りの郡町村を大幅に合併し、15区から35区へと都心部を拡大した**。この頃には人口500万人を超え、「大東京」という言葉が広まっていたという。

35区に広がった東京市だが、1943年の東京都制施行によりその名称が消え、35区は東京都の直轄下に置かれる。そして戦後の合併によって35区は現在とほぼ同じ22区になり、さらに1947年に練馬区が板橋区から分かれたことで、ようやく23区の形ができあがったのである。

024

伊豆諸島や小笠原諸島が東京に編入されたワケ

東京都の南に連なる伊豆諸島と小笠原諸島。伊豆諸島はその名に「伊豆」とついているうえに、位置としては静岡県のほうに近い。なぜ東京都に編入されたのだろうか？

伊豆諸島はその名の通り、**江戸時代は東海道の伊豆国《いずのくに》の領地**で、古くから流罪になった罪人を送る流刑地としての役割を担っていた。流刑地になるぐらいだから交通の便がいいとはいえず、加えて島内だけで十分な食糧を確保できなかった。そこで島の特産物であった塩や絹織物を本土へ持っていっては食糧と換えていたのだが、人々は伊豆ではなく、江戸の問屋に持ち込んでいた。ただ、問屋が島民の足元を見て、島民にとって不利な商売をしていたため、それを見かねた幕府が直接島民とやり取りをし、島の特産物を納めさせる代わりに米を支給していたという。

このように、**伊豆諸島の人々にとっては江戸との繋がりの方が強かった**のだが、廃藩置県によって、１８７６年に伊豆諸島は静岡県に所属することになる。伊豆国が静岡県に編入されたのだから、自然な流れではある。

ところが、伊豆諸島の住民は東京府への編入を強く望んでいた。依然として経済的繋がりは東京との方が強く、静岡県で行政手続きをしなければならないのも、何かと不便が多かったそうだ。こうした住民たっての希望で、２年後の１８７８年、伊豆諸島は東京府へ編入されることが決まったのだ。

では、小笠原諸島はなぜ東京の管轄になったのか？　**実はこの小笠原諸島、江戸時代にはまったく注意を向けられておらず、幕府は何の対策もしてこなかった。**そのためにイギリス領になる寸前のところまで話が進んだという。イギリスだけでなく、アメリカも目をつけていたそうだ。開国後にようやくそれに気づき、政府はあわてて東京の管轄下に置いた。

その後、太平洋に浮かぶ小笠原諸島は、戦時下において重要な軍事拠点として機能。敗戦後はアメリカの占領下にあったが、１９６８年にようやく日本に返還された。

伊豆・八丈島に配流されたといわれる戦国武将の宇喜多秀家。公式記録では同地に送られた最初の人物である。

025

北海道だけなぜ「道」なのか？

「1道1都2府43県」というのが、日本の行政区分に基づいた分け方である。江戸から明治に変わったときの廃藩置県によって定められたものだ。しかし、なぜすべて「県」にならなかったのだろう？　東京都や京都府の「都」や「府」は「中心地」を意味する言葉だが、「北海道」はなぜ「道」なのか？　そして、神奈川県は「神奈川」、広島県は「広島」と呼ぶことはあっても、なぜ北海道だけは「北海」と呼ぶことはないのだろうか？

1871年に廃藩置県が行われ、それまでの「藩」から中国の律令制にならった「県」を用いることになったのだが、当時の北海道は「蝦夷地」と呼ばれる未開の土地であった。**藩のように既存の区分がなかったため、他の藩と同様に「県」という区分で呼んでいいものか、という疑問がわいた**のである。しかし、いつまでも蝦夷地と呼ぶわけにもいかないため、新しい地名をつける必要があった。

そこで案として出されたのが、**古代日本の律令制で定められた行政区分である、五畿《ごき》七道《しちどう》の七道にならった名前**だった。七道は東海道、東山道、北陸道、山陰道、山陽道、南海道、西海道を指すが、「東海」「西海」「南海」とあるのに「北海」だけはなかった。そこで、その「北海道」を蝦夷地の名称として定めたのである。

こうして五畿七道は五畿八道となったものの、北海道は明治中期に一度、「札幌県」「函館県」「根室県」に分けられたことがある。しかし北海道の開拓にあたって三県の足並みがそろわず、すぐに「北海道」に戻ることとなった。それが現在まで用いられているのだ。

なぜ北海道だけ「北海」とは呼ばないのか、その理由は、**「北海道」で一つの地名**だからなのである。東京都や京都府の「都」や「府」はそれ自体が意味を持つ言葉なので、地名としては「東京」と「京都」が正しい。だから「東京」「京都」と同じように、「北海道」と呼ぶのである。

■ 三県一局時代の北海道（1882～86年）

（上）３県に分かれていた頃の北海道
（下）根室県庁外観

026 かつて北海道に青森県が存在していた

廃藩置県の際の県境騒動は全国で起こっていた。その一つとして、**北海道に青森県が存在するという珍事が起こってしまった**のだ。

北海道渡島《おしま》半島の南西部に、新たに館《たて》県が置かれた。しかしそこは戊辰戦争で荒廃し、とても単独で存続できる力があるとはいえなかったため、弘前《ひろさき》県（のちに青森県になる）に統合された。こうして青森県が北海道にまで広がったのだが、津軽海峡を越えて同じように行政ができるはずがなかった。電話やインターネットがない時代、書類一つ届けるのも手渡ししかない。荒れ狂う海を渡ることができない日もあり、**公文書が届くのに1カ月かかることもあった**という。

結局、青森県もお手上げだとして政府に管轄免除を依頼し、初めは断られるも、館県は開拓使が管轄することになった。海を越えた政治は1年で終わりを告げた。

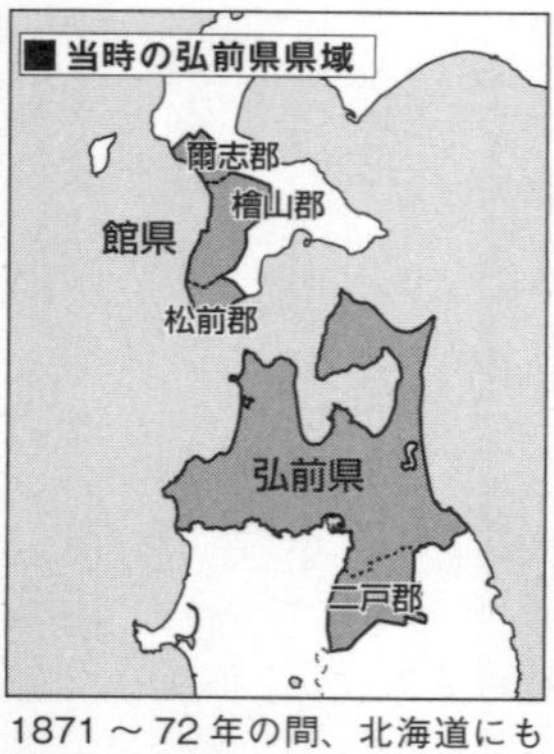

1871～72年の間、北海道にも青森県が存在していた。

027

群馬県の県庁所在地は高崎市になるはずだった

2014年、世界遺産に登録された富岡製糸場を擁する群馬県。県庁所在地は前橋市だが、実は当初の予定では高崎市になるはずだった。

廃藩置県で群馬県が置かれたとき、県庁は高崎市の高崎城内に置かれた。しかし城は兵部《ひょうぶ》省の管轄にあったため、やむなく**前橋市に仮の県庁を置くことになった**。

その後、群馬県が熊谷《くまがや》県になって、再び群馬県に戻ったとき、県庁を高崎市に置く話が再びあがったものの、やはり場所が確保できなかった。当時の楫取素彦《かとりもとひこ》県令（今でいう県知事）は高崎の住民に「一時的なものだから」と説明し、県庁は再び前橋市へ置かれた。

そのまま約4年が経ち、前橋が政治機能の中心になると、県庁を高崎に戻すメリットがないと判断した楫取県令は、**そのまま高崎住民に黙って県庁を前橋市に正式に移転した**。それを知った住民は激怒し軍隊が動きかねないほどの騒動になって裁判まで行われたが、住民の要請は通らなかった。大正時代に県庁奪回運動が起こっても県庁は変わらず、現在に至っている。

ちなみにこの楫取県令は、幕末の思想家・吉田松陰の義弟である（妻が松陰の妹）。

028 宮崎県は西南戦争がきっかけで誕生した？

九州地方南部の太平洋側に位置する宮崎県。プロ野球のキャンプが行われることで有名な、南国情緒のある県だ。この宮崎県が、鹿児島県の一部になりかねない危機があった。

廃藩置県で3府72県になったとき、美々津《みみつ》県と都城《みやこのじょう》県が廃され宮崎県（1次）が誕生した。しかしその後の統廃合で**宮崎県は鹿児島県に完全に吸収されてしまった**。役所は鹿児島側にあったため、宮崎の人は役所まで行くのに3日をかけることもあり、大変不便をしていた。

そんな折、新政府に不満を抱く薩摩藩士が蜂起して西南戦争が勃発。宮崎県は争いに巻き込まれ戦場となり、土地は荒れ果てた。ただでさえ、鹿児島県中心の政治を行われていたうえに巻き添えをくらって、宮崎側の住民は不満の声をあげだした。そして分県運動へと発展したのだ。

県令は運動を阻止しようとしたが、**視察に来た政府の役人は、宮崎県側の交通インフラや経済などあらゆる点で他県より著しく遅れている事実に驚愕**。国家全体の発展を考えて宮崎県を独立させるべきだと判断すると政府も分県運動を後押し、１８８３年、宮崎県は独立を果たした。いずれは分県していただろうが、西南戦争が一つのきっかけであったことは間違いない。

029 最古の都がある奈良県が地図から消滅していた

飛鳥京や平城京など、昔の都が置かれた奈良県が、十数年にわたって地図から消滅していた時期があった。廃藩置県により大和国から奈良県が誕生し、１度15県に分割されるもまた奈良県として再出発していた。しかし、それから5年後の１８７６年、**奈良県が隣の堺県に合併され、消滅してしまった**のだ。理由は、奈良１県では財政基盤が脆弱だからということだった。

合併後は、役所の場所が変わる。奈良の住民が堺に移された役所まで行くためには、山脈を越えなければならず、苦労を強いられた。

さらに、その堺県さえも大阪府に合併されてしまった。奈良の住民にかかる苦労は今までの比ではない。住民たちは奈良県再設置運動を行ったが、明治政府は容易に申請を受理せず、争いは長引いた。

１８８７年にようやく奈良県が再設置されることになったのだが、運動は6年の歳月を要した。当時、分県運動はさほど珍しいことではなかったが、14ページで紹介した鳥取や富山の分県運動と比べると、かなり時間がかかった争いであった。

030

伊能忠敬は北海道の地図を作っていない？

江戸時代後期に伊能忠敬が作った「大日本《だいにほん》沿海《えんかい》輿地《よち》全図《ぜんず》」には、北は宗谷岬、南は屋久島、東は国後島、西は五島列島までの海岸線及び内陸河川が詳細に描かれている。

しかし実は、このうちの**蝦夷地（現・北海道）を測量したのは伊能忠敬ではない**。調査のために蝦夷地にいた探検家の**間宮林蔵《まみやりんぞう》**が伊能から測量法を学び、データを集めたのである。

これまで、伊能は道南を、間宮と伊能の弟子たちが道北を測量したと考えられていた。ところが伊能が当時作った図と現在に残る完成図を重ねて検証すると、部分によっては数キロも誤差が生じ、違う測量データを用いた可能性が高まった。「北海道の測量に自信がない」という伊能の日記もあり、間宮によって再測量され、改めて作成されたのではという説が浮かんだのである。

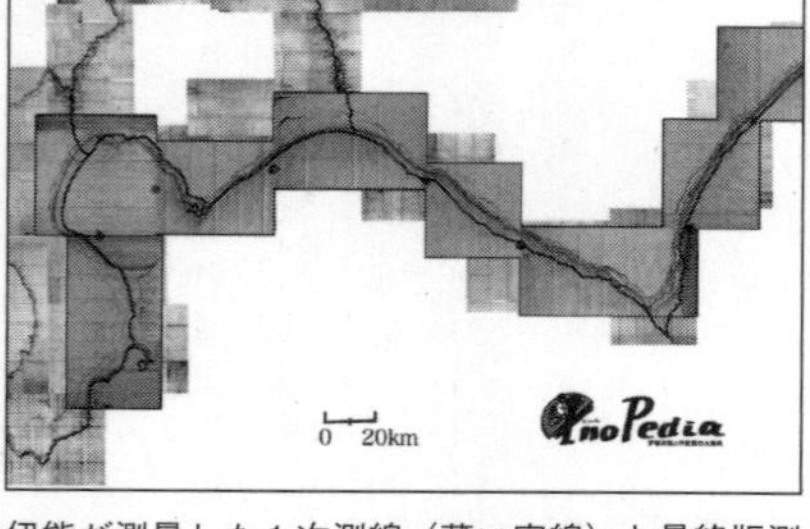

伊能が測量した１次測線（薄い実線）と最終版測線（濃い実線）のズレが確認できる。資料は北海道道南部分。（画像提供：イノペディアをつくる会）

031 消滅が危惧される限界集落とは？

都市に人口が集中し、山間部では過疎化に歯止めがかからない。その過疎地域の中でも、特に厳しい状況にある集落を**「限界集落」**という。定義としては、**65歳以上の高齢者が人口の50％以上を占め、冠婚葬祭などの社会的共同生活の維持に支障をきたしている集落**のことを指す。

この言葉が誕生したのは1991年頃とされ、それ以降限界集落は年々増えている。総務省によると、現在その数は1万以上とされ、今後10年以内に218の集落は消滅すると考えられている。中でも、徳島県は全自治体のうち約35％が限界集落とみなされ、全国平均約15％を大きく上回っており問題になっている。限界集落という呼び名は変えるべきだと批判する人もいるが、この言葉を考えた社会学者・大野晃《あきら》氏は、過疎という言葉では実態とずれていると考えたうえで、あえてこの表現を採用したという。

集落再生のための動きは全国で見られ、中でも兵庫県篠山市の「集落丸山」は限界集落からの再生を成し遂げた一例である。再生前、集落には4世帯しかいなかったが、築150年という空き家を有効活用し、集落は再び人の活気にあふれるようになった。

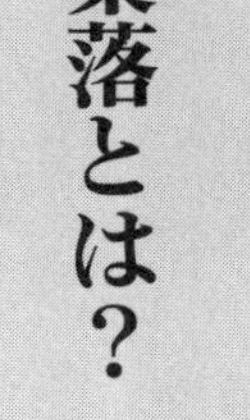

032 日本の国土面積は本当は狭くない

「日本は島国だから国土が狭い」と、どこかで「日本は狭い」というイメージを持つ人は多いのではないだろうか。確かに近隣のロシア、中国といった膨大な面積を誇る国々と比較すればその差は一目瞭然だが、その一方で、「日本は狭い」というイメージを覆すデータがあるのだ。日本の国土面積は約37万８０００平方キロメートルで、これは**世界で61番目に大きい**とされている。世界に１９５カ国あると考えると、上位３分の１に入るほどの大きさだから、それほど狭いわけではないといえるだろう。

面積だけでなく、日本は島国という領土のため、海に関する国土データに特徴が表れる。一つが、**領海と排他的経済水域の面積**だ。日本の領海と排他的経済水域を合わせた面積は国土面積の約12倍、約４４７万平方キロメートルもあり、**世界第６位の広さ**を誇る。ちなみに、領海は領土の海岸線から12海里（約22キロメートル）までの範囲と定められているが、津軽海峡などは幅が約19キロメートルしかないため、外国船が通航できるよう領海を３海里（約５・５キロメートル）に狭めているそうだ。

もう一つは、**海岸線の長さ**だ。領土のうち離島が多いうえに、リアス式海岸など複雑な形をした海岸線が見られるのも日本の特徴である。そのため約２万９７５１キロメートル（アメリカＣＩＡ調べ）という**世界で6番目に長い**海岸線を持っており、これはアメリカやオーストラリアよりも長いということになる。**赤道の約4分の3にも及ぶ長さ**だ。

こうしたデータを見ると、日本に対する「小さな島国」というイメージも少し変わった見方になるのではないだろうか。狭いと感じるのは人口密度も関係しているかもしれない。面積が61位なのに人口は世界で10番目に多いのだ。

なお、国土面積などのデータは算出方法によって順位が変動しやすいため、ここでの順位はあくまでおよその順位と考えていただきたい。

日本の排他的経済水域の範囲

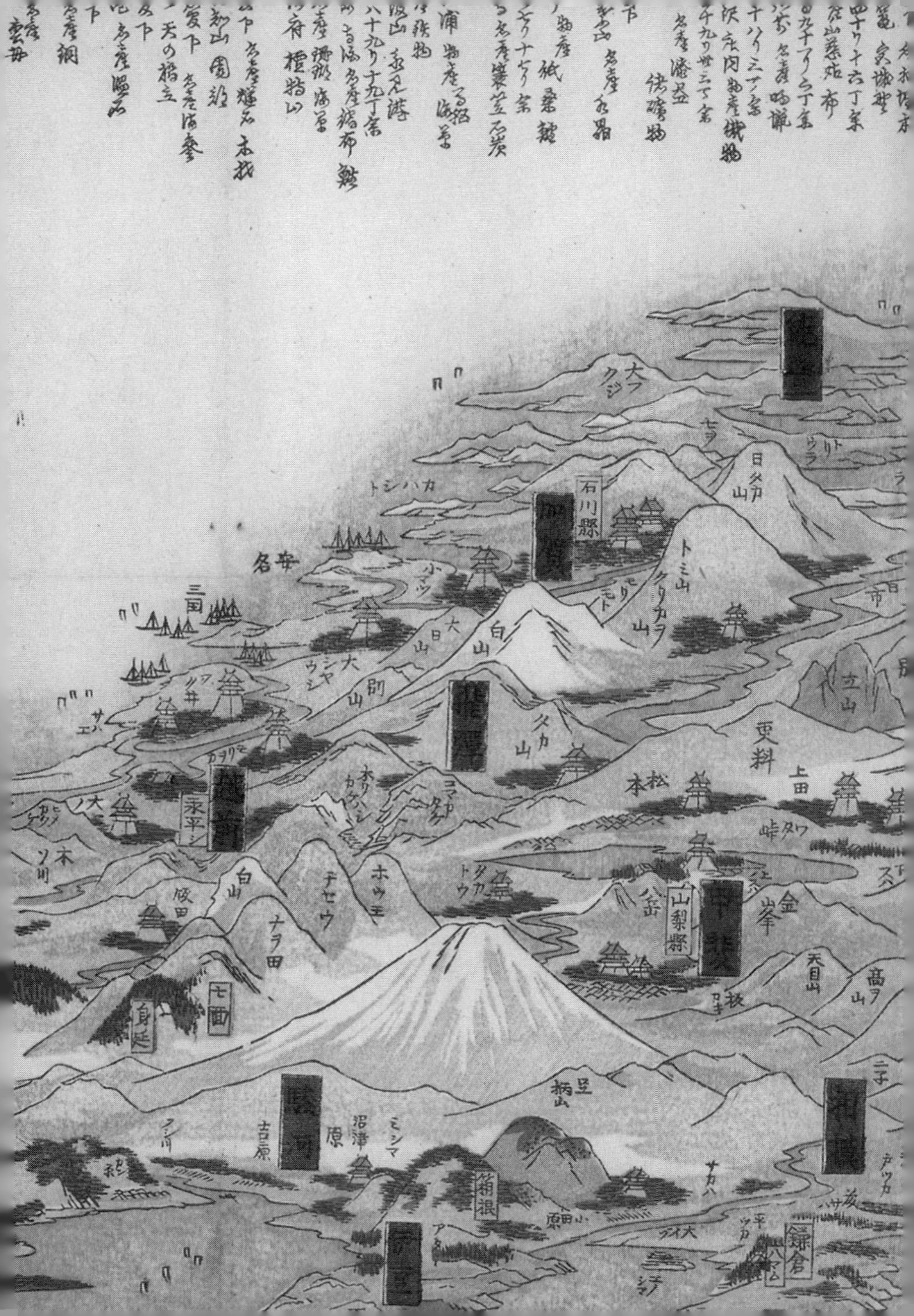

石川縣
山梨縣
永平シ
身延
七面
箱根
鎌倉
立山
白山
大日山
別山
トミ山
日夕カ山
更科
松本
上田
金峯
天目山
高ヲ山
三国
小マツ
飯田
ナラ田
チセウ
ホウヱ
タカトウ
吉原
沼津
原
ミシマ
足柄山

第2章　意外と知らない日本一と世界一

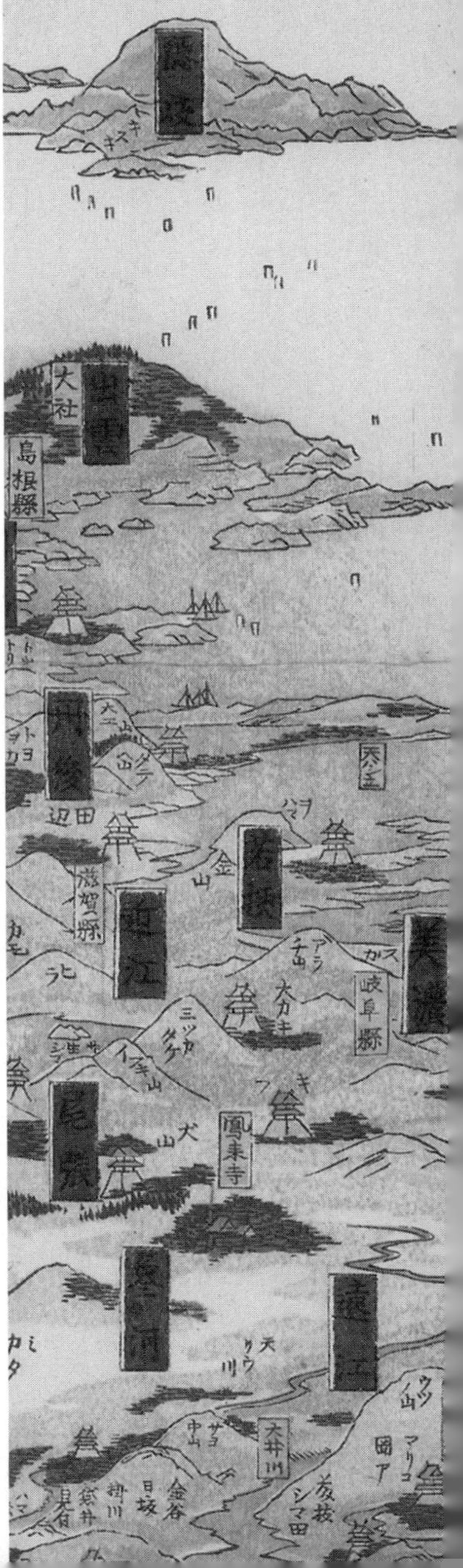

033 世界一の金山が日本にある！

「黄金の国ジパング」という言葉を聞いたことがある人は多いだろう。中世から近世にかけてヨーロッパに伝わった日本を指す言葉だ。そう呼ばれるくらいの金山があったということだろうか？

江戸時代から現在に至るまで、日本には世界一といえる金山がある。それが鹿児島県の**菱刈《ひしかり》鉱山**だ。最も有名なのは慶長小判の材料にもなった新潟県の佐渡金山だろう。１９８９年まで３８８年間の操業で採れた金の量約83トンは当時世界一だった。

だが、１９８５年から採掘が始まった菱刈鉱山が誇るのはその質だ。普通は鉱石1トンから約４～５グラムの金が採れるが、ここからは、鉱石1トンあたり40グラム近い金が採れる。**世界で最も質のいい金が採れる金山**なのだ。江戸時代は佐渡金山、現在は菱刈鉱山が世界に誇る日本の金山である。

ちなみに、「黄金の国ジパング」の黄金とは金山のことではなく、岩手県平泉にある中尊寺金色堂を指していると考えられている。

佐渡金山のシンボル「道遊の割戸」
（© Muramasa）

034 世界一狭い海峡が日本一小さい県にある？

うどんで有名な香川県に、世界一狭い海峡があるという。瀬戸内海に浮かぶ、**香川県の小豆《しょうど》島と前島の間を流れる土渕《どふち》海峡が、ギネスブックにも認定された世界一狭い海峡**だ。

一般的に海峡は海が陸地によって狭められた水域を指し、その広さについての定義はない。

土渕海峡は**全長約2・5キロメートル、幅は最も狭いところで約9・93メートル**しかない。海峡と知らなければ川にしか見えないくらいの規模である。土渕海峡には三つの橋がかかっており、そのうち海峡幅が最も狭い永代《えいたい》橋はたったの10歩程度で渡ることができるそうだ。

ちなみに世界一広い海峡は、南アメリカ大陸のホーン岬と南極半島の間にあるドレーク海峡だ。世界で最も荒れる海域の一つで、幅は最も広いところで650キロメートルにも及ぶ。

土渕海峡。「ギネスブック認定」の文字がみえる。
（© Kudo-kun）

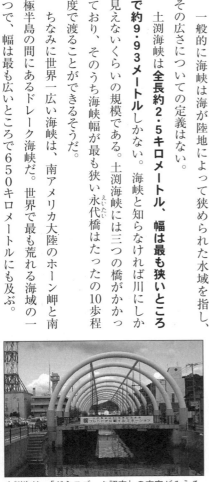

035 死者数世界ワースト1の谷川岳とは？

この広い世界で、最も死者数の多い山が日本にあるという。それが、群馬県と新潟県の境にある**谷川岳《たにがわだけ》**だ。ここは標高2000メートル程度ながら、急な岩場があり地形が複雑なこと、中央分水界にあたるため気象の変化が激しいこともあり、**世界一遭難者の多い山としてギネスブックにも認定されている**。統計をとり始めた1931年から2012年の間に少なくとも**805人の死者**を出しており、8000メートル峰での死者数637人を超える。1960年には遭難した遺体がロープで宙吊りになり回収困難となったため、陸上自衛隊がロープを銃撃で切断し遺体を収容する事件もあった。

谷川岳は首都圏に近いため、中には気軽に訪れる人もいる。ロッククライマーも多く訪れるため、谷川岳での遭難者は後を絶たない。群馬県は遭難防止条例をつくり、遭難者を減らすべく動いている。

谷川岳全貌（© New Japan）

036

世界一低い活火山は私有地だった

日本海に面する山口県萩市。ここの、日本海に突き出た笠山《かさやま》が世界一低い火山といわれている。**標高はわずか112メートルほど**で、最後に噴火したのは約8800年前とされる。山頂付近までの道が整備されており駐車場もあるので、そこまで車で行くことができる。

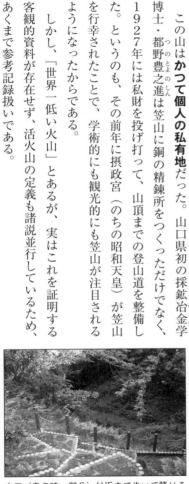

　この山は**かつて個人の私有地**だった。山口県初の採鉱冶金《やきん》学博士・都野豊之進《つのとよのしん》は笠山に銅の精錬所をつくっただけでなく、1927年には私財を投げ打って、山頂までの登山道を整備した。というのも、その前年に摂政宮（のちの昭和天皇）が笠山を行幸されたことで、学術的にも観光的にも笠山が注目されるようになったからである。

　しかし、「世界一低い火山」とあるが、実はこれを証明する客観的資料が存在せず、活火山の定義も諸説並行しているため、あくまで参考記録扱いである。

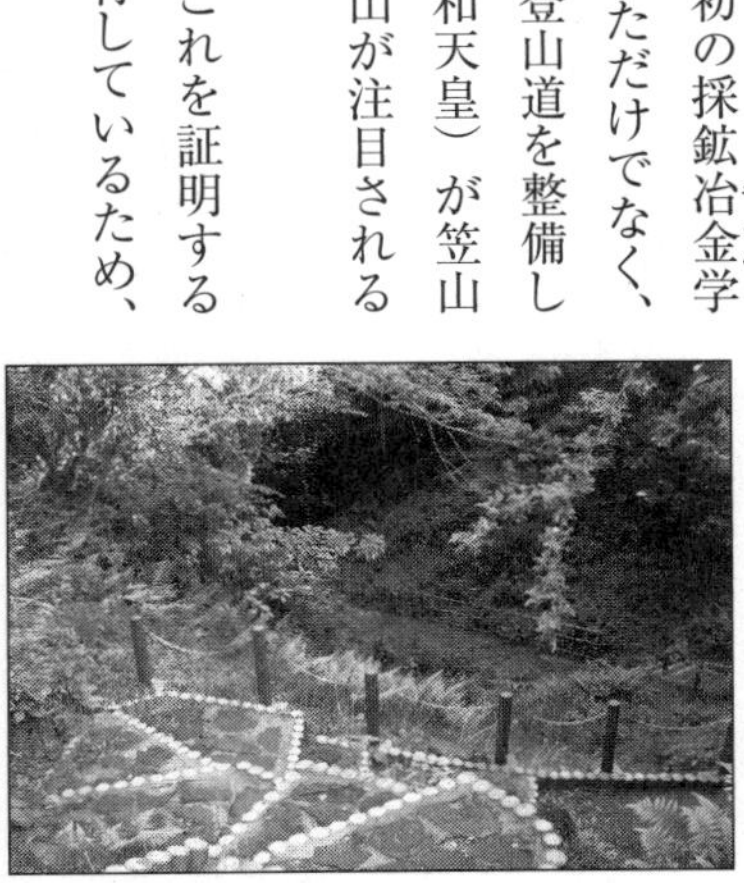

火口（奥の暗い部分）付近まで歩いて降りることができる。（© sean）

037

日本一短い川はたったの十数メートル

日本一長い川といえば、長野県から新潟県にかけて流れる、全長約367キロメートルの信濃川である。では、日本一短い川はどこだろう?

それは和歌山県東《ひがし》牟《む》婁《ろ》郡那智勝浦町粉白《このしろ》を流れる、**ぶつぶつ川**だ。愛称ではなく、正式な名称である。

すぐそばを流れる粉白川に合流し、太平洋に流れ込む河川で、2008年に県が管理する二級河川に指定されたが、**川幅は最大1メートルで全長約13・5メートル**しかない、日本で最も短い川と認められている。

川の水源は川底から湧き出る泉で、この泉がふつふつと湧く様子から、「ぶつぶつ川」という名前になったという。川の水は非常に清らかで、周囲は絶滅危惧

手前に見えるのは粉白川。石垣に沿って奥に伸びているのが、ぶつぶつ川。(© Myama2)

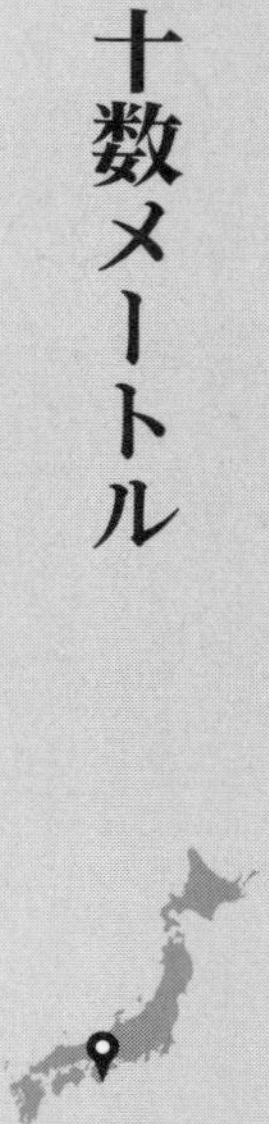

種を含めた256種の植物が生息する大変豊かな環境にあるそうだ。周囲の住人の飲料水、生活水としても使われ、そこに住む人々にとっては重要な水源である。

日本一短い川がある和歌山県には、二級河川として日本最長の日高川《ひだかがわ》（全長約115キロメートル）もあり、日本の二級河川最長短の川がそろうことになった。

ちなみに、ぶつぶつ川が日本最短になるまで、北海道島牧村《しままきむら》のホンベツ川が全長約30メートルで、二級河川として最短だった。ところが当の自治体では「ぶつぶつ川が二級河川で最も短い川になるまでは、ホンベツ川が日本一短い川だったとは村の誰も知らなかった」そうだ。

ぶつぶつ川の側に立てられている看板

038

かつて日本一規模の大きい川は石狩川だった

日本一長い川は信濃川（全長約367キロメートル）、そして日本一流域面積の広い川は関東地方を流れる利根川（約1万6840平方キロメートル）である。しかし、かつてはその2河川の地位を脅かす川があった。

それが北海道の石狩川である。1894年に測量された石狩川の全長は約364キロメートルもあり、**現在より100キロメートルほど長かった**。

短くなった理由は、石狩川に人の手が入り、**埋め立てが行われた**からだ。アイヌ語で「イ・シカラ・ベツ」といい「非常に屈曲した川」の意を持つともいわれる石狩川は、たびたび洪水を起こし石狩平野を襲った。1898年には石狩平野のほとんどが浸水し、100人を超える死者を出す大洪水が起こった。また、その影響で流路が変わるたびにできる三日月湖は町や耕地を確保する妨げになった。川の周辺にある沼には川からの水が流れ込み、氾濫の大きな原因でもあった。

そこで北海道庁は、1918年から1969年にかけて蛇行する部分を真っ直ぐにする工事を行い、その過程で石狩川は100キロメートルほど短くなっていったという。

また、**石狩川の流域面積は約1万4330平方キロメートルで、これは江戸時代初期までは日本一の広さだった**。しかし、徳川幕府が利根川の流路を変えたことで流域面積が一挙に増え、石狩川に代わって日本一になり、石狩川は2位に転落してしまったのだ。

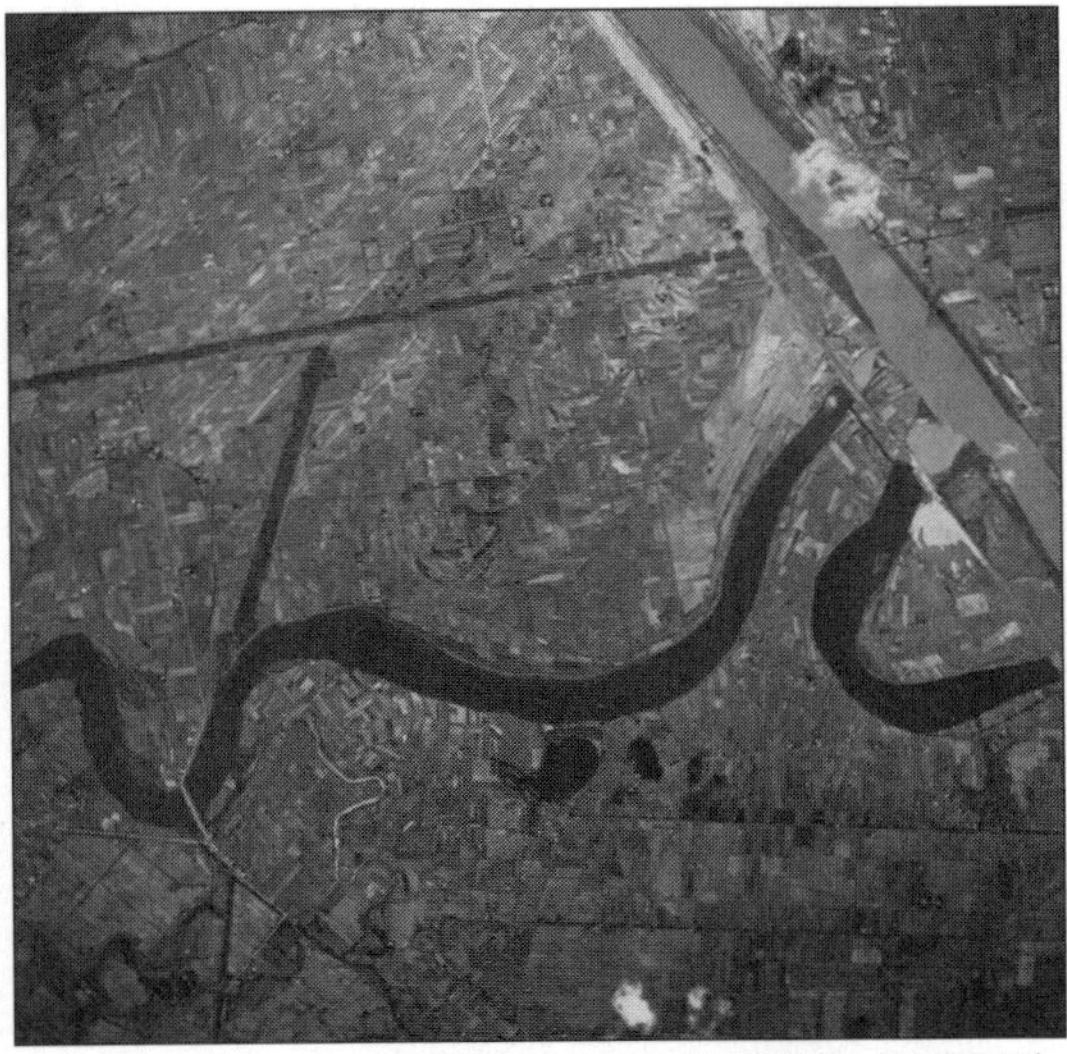

写真中央を蛇行しながら横断しているのが旧石狩川（現茨戸川）。河川の氾濫を防ぐために治水工事を行い、現在の石狩川になった（右上直線部分）。（画像引用：国土地理院）

039

ギネス認定！ 世界一の杉並木とは

徳川家康が神として祀られる、栃木県の日光東照宮。そこへ向かうまでの街道が**総延長約37キロメートル**の杉並木道であり、**「世界最長の杉並木」**としてギネスブックにも認定されている。

正式には「日光杉並木街道」といい、日光街道、例幣使《れいへいし》街道、会津西《あいづにし》街道の三つの街道からなる。国の特別史跡・特別天然記念物の二重指定を受けている。この杉並木は、徳川家の家臣の松平正綱《まつだいらまさつな》、正信《まさのぶ》親子によって、１６２５年から二十数年をかけて植えられ、日光東照宮に寄進された。植えられた杉は一説に5万本とも言われるが、現在は1万２３５０本になっている。

この杉並木だが、近年は排気ガスなどの影響で良い生育環境下にあるとはいえず、年々杉の本数は減っている。このままだと１００年後には消滅する危機にあるそうだ。

日光～今市間の杉並木

040

森林率が高いのはどの都道府県？

日本には森林が多い。**総面積約67パーセント以上を森林**が占めており、この割合は先進国ではフィンランド、スウェーデンに次ぐ世界3位の地位にある。そんな森林大国の日本だが、林野庁による都道府県別森林率を見ると、意外な県が上位にいることに気づく。

森林面積を見ると北海道がダントツで1位だが、都道府県別の森林の密度で比べると**1位は高知県**となり、割合にしてなんと80パーセントを超えている。ではその他の地域はどうだろうか。下図を見るとわかるように、大都市の森林率は30パーセント台が多いが、多くの地域は60パーセント近い森林率を確保している。

だがその多くが活用されず、外国から輸入した安価な木材が消費されているという。森林法によって生産促進が図られているものの、有効に生かしきれていないのが現状だ。

■ 都道府県別森林率
（平成29年3月31日現在）

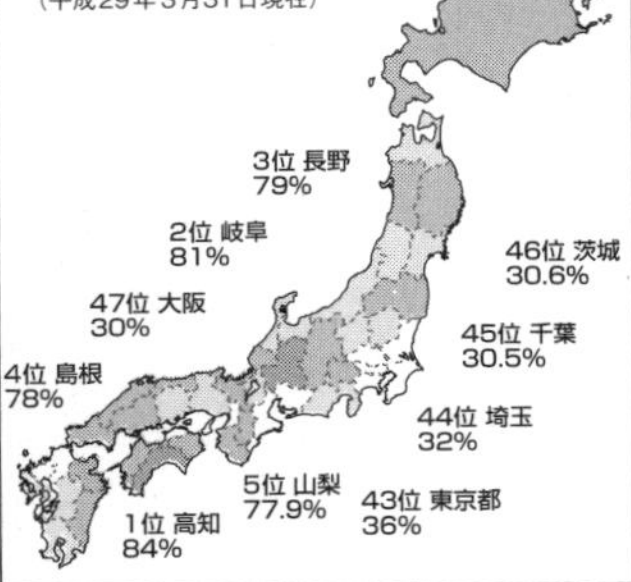

濃い色がついている都道府県は森林率が高い。（林野庁ホームページ参照）

041 スケールが違う日本一長い運河

物資や人の移動のため、日本では古くから水路が発達していた。天然の川をそのまま利用するには危険を伴うため、堰《せき》を築いて水流をコントロールしたり、支流を増やして水の勢いを減らそうとするなど、昔の人は知恵を働かせて自然の中で生きてきた。

そうした自然の中で安全に水路を利用したい場合は、運河を造るケースが多かったようだ。その中で最も長い運河が宮城県にある**貞山《ていざん》運河**で、全長は**約47キロメートル**に及ぶ。

司馬遼太郎いわく「長大な〝遺跡〟」だというこの運河は、仙台藩主伊達政宗の命で造られた。貞山という名称も、政宗の死後の法名にちなんでいる。完成までになんと約**280年もの歳月が費やされた**のだというから、スケールの違いに驚かされてしまう。

海岸近くに造られた貞山運河は、物流や灌漑に利用された。現在は漁やレジャーに使われる。（画像引用：国土地理院）

042

海抜0メートル以下の日本一低い場所

日本一標高が高い場所は富士山だが、逆に日本一標高が低い場所はどこだろうか？　海に近いほど標高は低くなるため海岸付近があてはまりそうだが、実は日本一標高が低い場所は**海よりも低い**。しかも**海ではなく山**にあるという。一体どのような場所なのだろうか？

　海より低い山、つまり、山を掘り進めたことで海よりも深い場所が生まれたのである。その山が、青森県で現在も操業している**八戸《はちのへ》鉱山**だ。石灰石の採掘のため深く掘り進んでいった結果、**標高約マイナス170メートル**に達したのだ。

　採掘はまだ続いているため、これからも日本一の低標高記録がどんどん更新されていくだろう。

八戸鉱山の石灰石埋蔵量はおよそ10億トン。あと100年は掘り続けることができるほどの石灰石を有している。（© Tunnelweb）

043 世界最長の海底トンネルはなぜ造られた？

津軽海峡の海底下約１００メートルを走る青函トンネルは、**全長約53・85キロメートル**で「**世界一長い海底トンネル**」の記録を持っている。海底トンネル部分は約23・３キロメートルで、全長の約2分の１にあたる。

１９８８年に開通した青函トンネルだが、構想自体は戦前からあった。本格的な地質調査などは戦後にようやく行われるようになったが、その調査の間にある事故が発生する。１９５４年に青函航路で国鉄青函連絡船・洞爺丸《とうやまる》が沈没し、１１５５人が死亡・行方不明となった史上最大の海難事故、**洞爺丸事故**である。これを受けて海底トンネル構想の早期実現化が叫ばれ、着工される運びとなった。

世界に類を見ない工事となったため作業中に殉職者を出しながらも、着工から21年後、トンネル内がすべて貫通。そしてその3年後、ようやく青森と函館を結ぶ列車の営業が始まった。

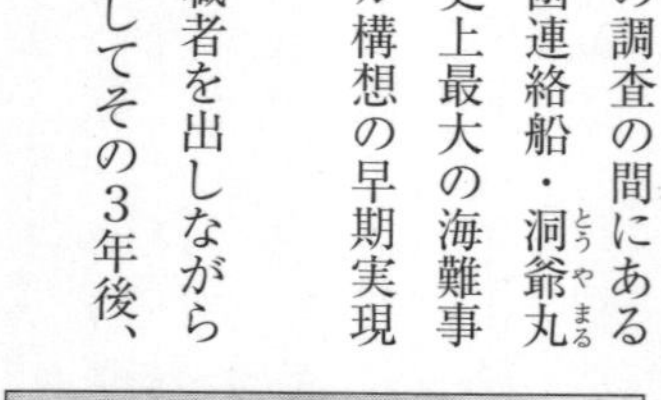

海難事故に遭った洞爺丸。操業期間は1947～54年の、わずか7年間だった。

044 日本一短いトンネルが廃止された理由とは？

交通インフラや関係設備は、利用者の減少や経年劣化などの理由で廃止されるが、日本一短いトンネルの場合は、**ダム建設のためその役目を終えることになった。**

群馬県を走るJR吾妻《あがつま》線の**樽沢《たるさわ》トンネル**は、全長が約7・2メートルしかない、少なくともJR線では最短のトンネルだった。1両の半分が隠れる程度で、トンネルである必要はないのでは……と思ってしまう短さだ。それが近くの八ッ場ダム建設工事に伴う線路変更のため2014年9月24日をもって廃止されたのである。

もともと樽沢トンネルは、なぜ造られたのかはっきりわからないトンネルだった。吾妻川沿いの、本来ならば完全に切り崩せる程度の岩をくりぬいてトンネルにしているのだが、岩盤が固くくりぬくので精一杯だったとか、岩場の上の一本松の景観がよかったなどの説がある。

このトンネルが役目を終えた現在、最も短いトンネルは広島県、JR呉線の**川尻トンネル**（全長約8・7メートル）となっている。

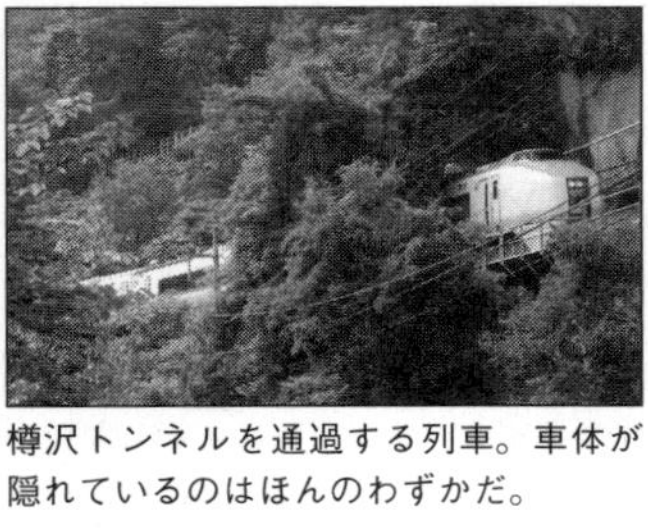

樽沢トンネルを通過する列車。車体が隠れているのはほんのわずかだ。

045 1区間の運賃も乗車時間も日本一の電車とは

電車の初乗り運賃といえば、乗車した駅のすぐ隣の駅までの運賃をいう。JRならば200円以内に設定されているところが多いが、最も安いところでは北大阪急行電鉄の100円がある。1駅の区間距離は2キロメートル未満で、歩いてもいけそうな距離だ。その他、鳥取県にある若桜《わかさ》鉄道、岡山市の岡山電気軌道なども初乗り運賃は100円である。

では反対に最も1駅の運賃が高いところはどこかというと、**JR北海道の石北《せきほく》本線にある上川《かみかわ》～白滝《しらたき》間**で、なんと**840円**だそうだ。白滝駅から隣の上川駅までは約37・3キロメートルあり、最短でも38分もかかるという。隣の駅まででこの労力だ。

かつてはこの2駅間に上白滝、奥白滝、上越《かみこし》、中越《なかこし》、天

上白滝駅駅舎。北海道で一番古い木造駅舎とされる。

幕という5駅があったのだが、いずれも信号場に格下げされるか廃駅になっている。上白滝駅には1日に上り1本、下り1本ずつの電車が停車していたが、2016年に廃止されている。

特急を含めるならば、青函トンネルを走るJR北海道津軽海峡線の奥津軽いまべつ～木古《きこ》内《ない》間で、その長さは74・8キロメートル、乗車時間は約39分で乗車運賃は指定席料金込みで3760円だ。だが鈍行の普通列車での日本一は、紛れもなく上川～白滝間である。

駅の廃止が相次ぐ中で上川駅が残ったのは、一定数の利用客が見込めるからだろう。特急「オホーツク」や特別快速「きたみ」を含むすべての列車が停車し、北海道の温泉街である層雲峡《そううんきょう》温泉の玄関口でもある。とはいえ、上りは1～2時間に1本、下りは2～3時間に1本と決して多くはないので列車の時間には十分注意したいところだ。

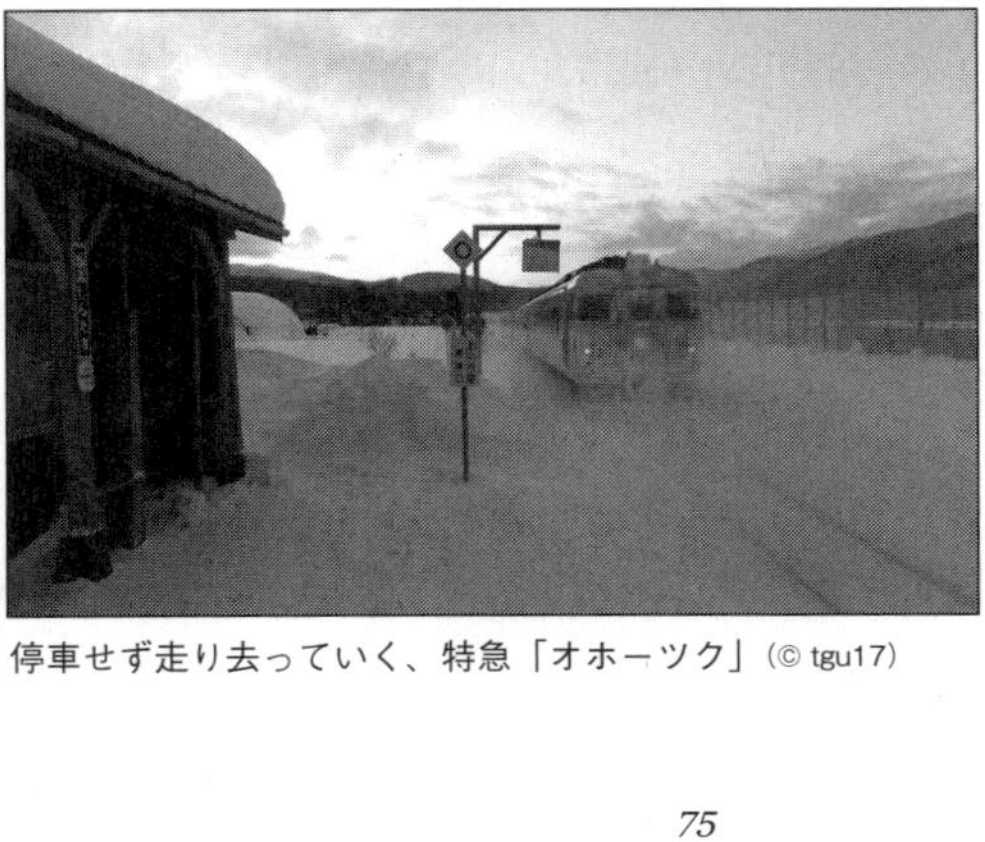

停車せず走り去っていく、特急「オホーツク」（© tgu17）

046 日本一長い直線道路はどこ？

日本一長い直線道路はどこにあるのだろうか？　首都圏からは放射状に道路がどこまでも張り巡らされているが、長大な直線道路となるとほとんど見当たらない。

道路は人工物ではあるが、地形や建造物の影響を受けるため大規模な道路計画でもなければ直線道路にはならないのだ。

しかし、実は明治時代初期にある地域で大規模な交通網開拓事業が展開されていた。その舞台となったのが**北海道**だ。

この時期に開削された道路が戦後に舗装、延長されていった結果、北海道美唄《びばい》市に**29・2キロメートル**の日本最長の直線道路が誕生したのである。29・2キロメートルといってもイメージしにくいかもしれないが、**東京駅から横浜市までひたすら直進するのと同じ**ぐらいの距離がある。車を利用しても1時間近くかかってしまう長さだ。なぜこのような直線道路が誕生したのか、それには明治政府の近代化政策が影響している。

明治期、北海道は富国強兵を目指す政府によって開拓使という官庁が置かれ、大規模な開発が進められた。北海道には未開発の土地が広がっていたため、開発ではまず道が造られ、その後に住居や庁舎などが建てられた。このときに、直線を含む道の原型ができたのである。

真ん中を走る白い線が 29.2 キロメートルの直線道路
（画像提供：国土地理院）

047 日本一短い国道が兵庫県にある

国道は、すでに34ページで説明したように、中枢となる都市を結ぶ、国が管理する道路である。国が管理しているのだから、さぞ立派な道路なのだろう……という考えははずれていたりする。**神戸市にある国道174号は、全長たった187・1メートルの日本一短い国道である。**歩いても3分程度、走れば1分程度で完走できる。こんな道路でも国道指定なのは、ここが国道2号と神戸港を結ぶ主要道路だからだ。

ちなみに2番目に短い国道は山口県岩国市から岩国空港を結ぶ国道189号で、実延長は372メートル。岩国空港は、長らく米軍が運用していたが、2012年12月より軍民共用化した。民間空港エリアへのアクセスには山口県道110号が使われるため、国道189号は空港へのアクセスには使われない。日本で最も短い国道トップ10に入るものは、すべてこうした主要国道と港湾や空港を結ぶ**「港国道」**とよばれるものである。

国道174号全景。終点（手前側）から、カーブの少し先にある起点を臨む。（© Corpse Reviver）

048

日本に世界一長い橋がある

ギネスブックには、世界一長い橋として中国にある全長164・8キロメートルの丹陽《たんよう》—昆《こう》山特大橋《ざんとくだいばし》が登録されている。世界第2位の橋も中国にあるが、丹陽—昆山特大橋はその第2位の橋の2倍以上の長さだというから驚きだ。

国土の広い中国ならではといえるかもしれないが、日本にも（条件付きではあるが）世界一長い橋が存在する。それが、四国と本州を結ぶ**瀬戸大橋**だ。総延長は13・1キロメートルと世界記録に遠く及ばない。ただ、車用の道路と電車用の線路が併用された「鉄道道路併用橋」の中では世界一の長さを誇るという。

また、神戸市と淡路島を結ぶ**明石海峡大橋**は、3・911キロメートルの世界最長の吊り橋であり、こちらはギネスブックにも登録されている。

世界一長い吊り橋・明石海峡大橋。開業して10年以上世界一の座を守っている。（© Hideyuki KAMON）

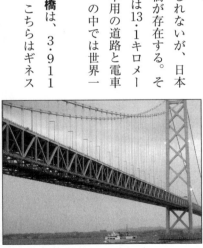

049 日本一営業日数が短い駅

新宿駅、渋谷駅、池袋駅は1日の利用客数がそれぞれ50万人を超える巨大ターミナルであり、1年中いつ訪れても人であふれかえっている。世界の鉄道利用客数でトップ3を占めるともいわれるが、**たった2日しか営業しない駅**も日本にはある。

その駅が、香川県三豊《みとよ》市にあるＪＲ四国の**津島ノ宮《つしまのみや》**駅だ。この駅が開業するのは毎年8月4日と5日の2日間のみ。なぜこの日に限られているのかというと、駅に程近い海に浮かぶ津嶋神社で夏季大祭が催されるからだ。孤島に鎮座する津嶋神社には、毎年この時期にしか入ることができない。

そのため、津嶋神社を訪れようと多くの人が集まり、駅の利用客も増えるため、神社の最寄り駅である津島ノ宮駅が臨時で営業するのである。

津島ノ宮駅が営業している様子（© LERK）

050
全国のおみくじを作る神社がある？

神社に参拝した際、おみくじを引いて吉凶を占おうとする人は多いのではないだろうか。実はおみくじは各社で個別に作られているわけではない。もちろん自社でおみくじを作る神社もあるが、**全国のおみくじの7割は山口県の二所山田《にしょやまだ》神社が製造しているのだ。**

正確には、二所山田神社が設立した新聞社・女子道社が手作業で作り、二所山田神社が清めの儀式を行っている。明治時代、女性の社会参加を訴えた宮司が女子道社を設立し、その資金源としておみくじを作り始めたのがきっかけだ。

種類は全部で18あり、和歌が詠まれているものや英文で書かれているものなど、趣向が凝らされている。ちなみに、この女子道社以外にもおみくじを製造している神社が全国には5社あるという。

神社でよく見るおみくじ自動頒布機は女子道社が開発した。

051 寺院が一番多いのは意外なあの県

コンビニより多いと言われる日本の寺院だが、その数が最も多い都道府県はどこだろうか？　総務省の宗教統計調査によると、仏教系の宗教団体数は**愛知県**が最も多いという。宗教団体数が対象のため実際の寺院数とは多少異なるが、それでも**その数は5000を超え、京都や奈良を上回る。**一体なぜそれほどまでに多くの寺院が愛知に誕生したのだろうか？

現在の愛知県にあたる尾張国や三河国は、浄土真宗が農民に篤く信仰されていた地域だ。浄土真宗を中興した蓮如《れんにょ》が熱心に布教した地域であるため、加賀や安芸に並ぶ信徒数を有していたようで、当然浄土真宗系の寺院も多かった。

浄土真宗中興の祖である蓮如。わかりやすく仏の教えを説き、庶民の信仰を集めた。

また、城下町が多いことからもわかるように、尾張国や三河国は武家によって古くから開発された地域でもある。そうした土地柄が影響して、武家に人気があった禅宗系寺院も増えたのである。現在も愛知県に浄土真宗系と曹洞宗系の寺院数が多いのはそうした歴史的な背景があるからだと考えられる。同じように、愛知県内にある天台宗や日蓮宗などの寺院も、武家との繋がりを持っている場合が少なくない。

そしてもう一つ、**人口**も愛知の寺院数増加の理由だと考えられる。江戸時代、幕府は民を寺に登録させ管理したが、尾張国と三河国の人口は明治初期の統計で全国3位、120万人を超えていたというから、管理のための寺院も相当数必要だったはずだ。

052

奈良の大仏より巨大な大仏が茨城県にある

大仏といえば、奈良の大仏や鎌倉の大仏が有名だ。東大寺内にある大仏、盧舎那仏《るしゃなぶつ》を目にするとその大きさに圧倒されてしまうが、茨城県の**牛久大仏**《うしく》は奈良の大仏を超える**120メートル**の高さがあるというから、間近で見た者は度肝を抜かれてしまうだろう。

ブロンズの立像としては世界最大で、ギネスブックにも**世界一大きいブロンズ製仏像**として登録されている。東本願寺によって造られ1992年に完成したこの仏像は、本体の高さが100メートル、台座が20メートルもある。

像内に入ることもできるし、夜にはライトアップもされるという。お盆になると花火が打ち上げられ、大仏の周囲に配置された灯籠が夜を明るく照らし続ける。大仏の周囲は公園になっていて見どころも多いため、機会があれば1度訪れてみてはいかがだろうか。

牛久大仏は鎌倉の大仏と同じ阿弥陀如来像に分類される。（© s_hayash）

053 日本一の温泉県はどこ？

熱海や湯布院、草津など、有名な温泉地は日本全国に存在する。その中でどこが日本一かと問われれば誰でも迷ってしまうだろう。簡単には選べそうにないので、ここでは「日本一○○」を冠している温泉をいくつか見ていこう。

まず、**温泉の数でいえば北海道**が日本一となる。当然といえば当然だが、面積の広さが影響している。次に、**自然治癒力向上**に効果があるとされる酸性度が日本一高いのが、秋田県の**玉《たま》川《がわ》温泉**である。逆にアルカリ性度が日本一高いのが埼玉県の**都《と》幾《き》川《がわ》温泉**と神奈川県の**飯山《いいやま》温泉**だ。こちらには**美肌効果**が期待できるという。

日本一の温泉県を称する大分県では、**別府温泉が湧出《ゆうしゅつ》量・源泉数**日本一を誇る。別府市内には数百の温泉があり、『万葉集』にも詠まれるなど歴史も古く趣がある温泉街だ。だが、歴史の古さでいえば、愛媛県の**道後温泉が日本最古**だと伝えられており、日本三古泉となるとさらに兵庫県の有馬温泉や和歌山県の白浜温泉が加わる。こうした「日本一」の多さが、いかに日本に温泉が多いかを実感させてくれるのではないだろうか。

054 愛知県の日本一裕福な村の秘密

名古屋市に隣接する**飛島村**《とびしまむら》は、**財政に必要な金額の2倍以上の税収がある**、何とも羨ましい自治体である。戦前は財政難で困窮した自治体だったにもかかわらず、現在では日本一の財政力を誇る裕福な村へとなるほどの大躍進を遂げた。

この飛島村は面積が狭く人口も少ないため、一体なぜそのような金満村になったのか不思議なところだが、実はその立地が税収に大きく影響している。**飛島村は日本有数の港湾拠点・名古屋港の一部**を有しており、造船業や、鉄鋼業、火力発電所などの輸出用倉庫が林立しているのだ。飛島村に拠点を置く企業は200社を超え、そうした企業からの税金のおかげで、村が成り立っているともいえる。

潤沢な税収があるため、中学校卒業まで子どもの医療費は無償、高齢者には年齢に応じて現金が支給されるなどサービスが手厚い。

名古屋港の様子。コンテナを運ぶ巨大なクレーンが見える。(© アツラク)

055 新潟県は日本一人口が多かった？

新潟県は日本一人口が多い時期があった。本当かと疑いたくなるが、1888年に明治政府によって行われた統計調査にきちんとこの事実が記されている。東京府の人口が135万人だったのに対し、新潟県には166万もの人々が暮らしていたという。

政治機能の中心地東京よりも、そこから遠く離れた新潟の方が人口が多かったというのは不思議な話だが、明治時代以前は「人口が多い土地」の条件が現在とは異なっていた。近代化前の日本では、身分が固定されているため都市に出ても自由な仕事には就けなかった。仕事ができない以上食べ物を得ることができない。逆にいえば、食べ物を手に入れることができる場所に人々は集まったのである。

新潟は毎年多くの米を生産し、時代を重ねるごとに石高を増していった地域だ。安定した食糧供給ができることから、多くの人が集まり、さらなる新田開発を進めることができる。それに加えて新潟湾でも盛んに交易が行われていたため、多くの人口を抱えることができたと考えられている。

056

和歌山にある世界一の郵便ポストって何？

街中で郵便ポストを見て珍しがる人はおそらくいないだろう。誰もが1度は使ったことがあるだろうし、どこにでもあるからだ。だが、もしも**海中に郵便ポストがあったら**反応が変わるのではないだろうか？

和歌山県すさみ町の海岸から約１００メートル離れた場所、水深約10メートル地点にその**海中郵便ポスト**が存在する。単なるオブジェではなく、毎日ダイバーが郵便物を回収しにくる歴《れっき》とした郵便ポストだ。

過去に陸地だった場所が沈んだのではと想像してしまうが、別に海に沈んだわけではなく、イベントの一環で郵便局長から提案され１９９９年に設置されたポストである。利用者もちゃんといるようで、1日に10

すさみ町の海

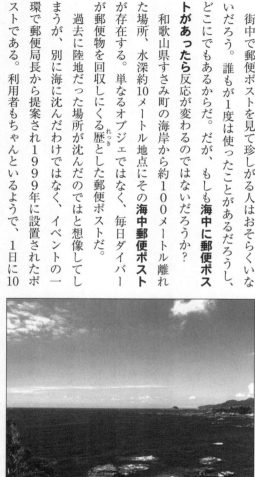

通、**年間では1000通近くが投函されている**という。

このポストに投函するためには、クラブノアすさみが企画するダイビングツアーに参加しなければならないが、利用客は多く投函数はなんと3万通を超えているという。2002年、世界一深いところにあるポストとしてギネスブックに登録されたことで、投函数が大きく伸びたようだ。

元々、すさみ町はダイビングスポットとして人気があり、それを目的に訪れる人も多い。海中ポストはそんな海の町・すさみ町をさらに盛り上げようという町おこしのために作られたのである。ダイビングに興味がある人は、現地で投函用の耐水ハガキを買って友人にぜひ送ってみてほしい。

ポストは昔ながらの丸型タイプ
(写真提供：クラブノアすさみ)

下 名産煙草
竈 名産蝋燭
四十ケ十六丁余
金山善光寺 布
四九十ケ六丁余
名産 略 ...
十八リ三十丁余
沢 内 物産 織物
二十九リ廿三丁余
名産 漆器 陶物
下
富山 名産 器
物産 紙 鏡
十七リ十七リ余
名産 蒲笠 石炭
浦 物産 海苔
物
阪山 港
八十九リ十九丁余
名産 縮布 鮎
名産 海苔
府 櫨 山
下 名産 蝋石 木
新山 園
下 名産 海参
天の橋立
下
名産 温石
下
名産 銅
名産 雲丹

第3章　人に話したくなる地名の秘密

057 日本の読み方は「ニホン」「ニッポン」どっち？

「日本」という言葉には「ニホン」と「ニッポン」の二つの読み方がある。日本銀行のように、紙幣には「ＮＩＰＰＯＮ　ＧＩＮＫＯ」と記されている場合でも、テレビでは「ニホンギンコウ」と読まれることもあるため、どちらが正しい読み方だろうと疑問に思った人もいるかもしれないが、実は**「日本」の読み方は正式には決まっていない。**

ＮＨＫは戦前、国号として使う場合は「ニッポン」とし、その他の場合は「ニホン」としてよいという見解を示したが、憲法や法律に読み方の規定はなく、現在の政府の指針も「どちらでもよい」ということで落ち着いている。日本銀行も紙幣に合わせて「ニッポン」としているものの、「ニホン」でも誤りではないとしているようだ。

では、実際にはどちらの読み方が優勢なのだろうか？　ＮＨＫ放送文化研究所が２００３年に行った調査の結果、「ニホン」が約61％、「ニッポン」が約37％と、**「ニホン」と読む人の方が多いことがわかった。**１９６３年の調査時は「ニホン」約45・5％、「ニッポン」約41・8％と差はあまりなかったが、若者を中心に「ニホン」と読む人が多くなり、現在に至っている。

058

全国で最も多い地名は何？

初めて訪れる場所でも、「本町」や「新田」など、他の場所で聞きなれた地名を発見することがある。そうした地名は、自然や文化を反映して名づけられることが多いため、その土地の風土を知る手がかりとしてうってつけ。同じ地名や似たような地名がつけられた場所は、環境にも類似点が多い可能性があるからだ。本町は町の中心、新田は新たに開発された農耕地から生まれた地名だと考えられており、そうした地名からその土地の歴史を垣間見ることができる。

では、日本一多い地名にはどのような意味が含まれているのだろうか？　**日本で一番多い地名は「中村」である。**国土地理院によると、全国に６９８カ所の「中村」が存在する。中村は文字の通り、村の中心地という意味からつけられた地名だ。

中村という地名が日本一多いのはなぜだろうか？　おそらく、鎌倉時代末から室町時代にかけて、自立的な村が発達し始めたことがその理由だろう。また、それ以前にも権力者が開墾した土地の中心部を中村と呼ぶことがあったことも関係していると考えられる。

このように、身近に存在する地名には、その土地のルーツが秘められている場合が多いのだ。

059 漢字は同じでも読み方が異なる地名

住みたい街ランキングで常に上位に入る東京都府中《ふちゅう》市。実は、徳島県にも府中という地名が存在する。しかし、徳島県では「コウ」、正確には、徳島市にある国府町府中《こくふちょうこう》という町名を指す。

このような、漢字が同じでも読み方が異なる地名が全国には多数存在する。神戸という地名は「コウベ」と読むことが多いが、岐阜県安八《あんぱち》郡神戸町のように「ゴウド」と読んだり、「上」という字が入った鳥取県日野郡日南町《ひのぐんにちなんちょう》神戸上のような「カドノカミ」という地名もある。この他にも「コウド」「カンベ」「カノト」「カンド」「ジンゴ」など計8種類もの読み方がある。

府中は古代に国ごとに置かれた国府を意味する地名だし、神戸は神社の領地（戸）であったことに由来するが、このような地名は**意味は同じ**だが読み方が違うというケースが多いようだ。

■全国の神戸（一部）

カドノカミ	鳥取県日野郡日南町神戸上
コウベ	兵庫県神戸市
ゴウド	岐阜県安八郡神戸町
コウド	和歌山県紀の川市貴志川町神戸
カンベ	三重県鈴鹿市神戸
カノト	東京都西多摩郡檜原村神戸
カンド	静岡県榛原郡吉田町神戸
ジンゴ	岡山県津山市神戸

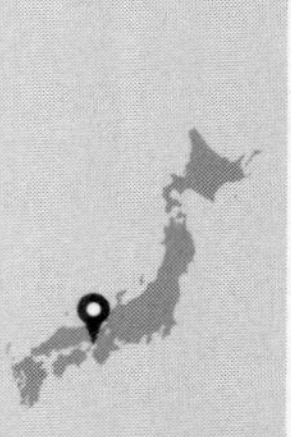

060 漢字で二文字の地名が多い理由

都道府県名や市町村名に限らず、日本の地名は漢字二文字で表記される場合が多い。ひらがなの字数はバラバラなのに、漢字だけがほぼ二文字に統一されているのは不思議ではないだろうか？

その疑問の答えを知るには、奈良時代初期の713年までさかのぼる必要がある。当時日本を治めていた律令国家は、地名にあてられた不統一な漢字表記をまとめるため、ある法令を下した。**国名をはじめとした行政単位を二文字の縁起が良い字に変更せよ**という「好字二字化令」によって地名を二文字に統一させたのだ。漢字二文字としたのは、都市名を二文字で表記する中国の影響を受けたためだと考えられる。

その結果、上毛野《かみつけぬ》は上野《こうずけ》（群馬県）、下毛野《しもつけぬ》は下野《しもつけ》（栃木県）、泉《いずみ》は和泉《いずみ》（大阪府）となるなど、発音と表記が異なる地名が一般的になっていった。こうした大規模な地名表記変更の影響は根強く残り、日本の地名表記の基本となったと考えられる。

061
「キトラ古墳」がカタカナで表記される理由

日本史の教科書に必ず載っているキトラ古墳だが、なぜカタカナで「キトラ」と表記されるかを教えられることはあまりない。

「キトラ」という古墳名は、古墳周辺の住民がその地を「キトラ」と呼んでいたことから採用された。「北浦《きたうら》」から転じて「キトラ」と呼ばれるようになったといわれているが、正確にはわかっていない。つまり、**実際の漢字表記がわからないため、カタカナ表記が採用されている**のだ。

こうした事例は、一般の地名にもあてはまる。東京都奥多摩町のアカグナや福島県東白川郡矢祭町《やまつりまち》大ヌカリなどだ。**口伝《くでん》の地名がカタカナ表記として残ったパターン**といえる。

また、北海道ニセコ町のように、漢字化されずに残ったアイヌ文化を尊重して名づけられた地名もある。北海道には他にもオタモイ、トマム、シラルトロエトロなどアイヌ語由来の地名が少なくない。同じような例として、沖縄市の前身コザ市も、地元の言葉から転化したとする説がある。

近年では、テーマパークが影響を与えた「ハウステンボス町」のように、変わったカタカナ地名も登場してきている。

062

ひらがな地名が増えたのは平成大合併から

ひらがな表記の地名は、前ページのように、アイヌ語の名残を伝える例もある。しかし、平成の大合併によって誕生したひらがな地名の方が圧倒的に多い。

自治体がひらがな地名を採用する一番の目的は、**親しみやすさを演出し、イメージアップを図ること**だ。難読漢字を改めて知名度を上げたり、重複する地名と区別する目的もある。

だが、実際には合併によって吸収された自治体が、名前がなくなったような印象を隠すためにひらがな地名を採用したのではないかと考える研究者もいる。

ひらがな化によってやわらかいイメージを得ることはできるかもしれないが、表記上の読みやすさや地域の文化に痛手を加える可能性も指摘されている。

2019年1月時点で全国に48のひらがな自治体がある。このうち、37の自治体が平成の大合併で誕生した。

063 北海道の「○○内」「○○別」という地名

日本最北に位置する**稚内《わっかない》市**や、江戸時代から温泉地として知られた**登別《のぼりべつ》市**のように、北海道には「○○内」や「○○別」という地名が多い。北海道にある179の市町村のうち「○○内」は9、「○○別」は20存在し、町名などを含めればその数はさらに増える。では、それだけ多くの地名になっている「**ナイ**」と「**ベツ**」はどのような意味を持つのだろうか？

こうした北海道独特の地名には、アイヌ民族の文化が反映されている場合が多い。96ページのようなカタカナ地名をはじめ、漢字があてられたアイヌ語起源の地名もある。「ナイ」と「ベツ」もそうしたアイヌ語起源の言葉だ。

アイヌ語の「ナイ」は「沢」、つまり小川を意味する単語である。同じく「ベツ」は起源が「pet」＝「ペッ」だといわれており、その意味は川。どちらも**川を意味している**のだ。このような川を意味する単語が豊富な点が、アイヌ語の特徴の一つだ。稚内の「稚」は「上質な水・冷たい水」を表し、登別の「登」は「色が濃い」を意味する。稚内の極寒の環境や、白く濁った温泉が川に流れる登別の特徴を表す地名だ。

アイヌ民族は、川の近くに集落を築いていたため、川に関係する言葉が多く生まれた。川で狩猟したり、交通手段として川を舟で下ったりしていたアイヌ民族にとって、川は生活の大きな部分を占めていたといえる。

ちなみに、札幌は「大きく乾いた土地」、小樽は「砂だらけの川」など、現在の姿からは想像しにくい由来の土地も多い。

アイヌの男性

064

お台場の「お」って何？

お台場は都内でも屈指の人気を誇る観光地として知られているが、地名にはどのような由来があるのだろうか？　その原点は幕末にある。黒船来航に危機感を抱いた幕府や藩は、防衛のため海岸に砲台場を設置した。その結果、全国各地に防衛用の台場（砲台場）が設けられ、日本中に台場という地名が誕生することになったのだ。現在のお台場に設置された砲台場は「品川台場」と呼ばれていたが、**幕府の施設には「御」という字をつける習いがあったことから、「御台場《おだいば》」と呼ばれるようになった**ようだ。

それなら「御」がつく地名は全国に多いのかと思うかもしれない。確かに御徒町《おかちまち》や御駕籠《おかご》町《ちょう》のように、武士が住んでいた土地や交通網には「御」の字が残っている。だが、幕府の施設や領地など、地名にあった「御」の字は明治政府によって剥奪《はくだつ》されてしまったため、その数は大幅に減ったと考えられる。「御台場」も「台場」と呼ばれるようになり、開国の影響で重要度も低くなっていった。現在のお台場という地名は、１９７０年代の都市開発の際に採用された。その後、街の整備が進み、現在のような姿へと変化していったのである。

065

「湯布院」と「由布院」はどっちが正しい？

大分県にある日本有数の温泉地・湯布院《ゆふいん》。ややこしいことに、「湯布院」と「由布院」という二つの漢字表記がある。町名は「湯布院町」なのに、駅名は「由布院駅」。どちらの表記が正しいのだろうか？

実は、**どちらも間違いではない**。「湯布院」とは１９５５年、由布院町と湯平村が合併して生まれた町名で、湯平を含む場合は湯布院、含まない場合が由布院だ。さらなる合併によって**由布市**が誕生したため自治体としての湯布院町は消滅したが、「由布市湯布院町」という町名として現在も旧地名が残されている。

近年はひらがな表記になるケースも増えているようで、ＪＲの看板には「ゆふいん駅」と表記されている。「湯布院温泉」と表記されることも多いが、実在する温泉地は「由布院温泉」の方だという。何とも紛らわしい。

由布院の露天風呂。由布院の源泉数は全国２位の852本。（© Kazuhisa OTSUBO）

066

合併でうまれそうになった「あっぷる市」

青森県といえば、リンゴの産地。そんなイメージをさらに推しだしたかったのか、板柳町《いたやなぎまち》は鶴田町との合併後の新市名に**「あっぷる市」**を提案したが、住民や鶴田町から反発があって却下された。その後、協議がうまく進まず、合併そのものが消滅するという事態に陥ってしまった。

このような新市名として提案された珍地名は少なくない。ただ、そのほとんどが住民の反対にあってまとまることはなかった。**「南セントレア市」**もその一つだ。愛知県知多《ちた》郡美浜《みはま》町と南知多町の合併協議で提案された。中部国際空港の愛称セントレア（セントラル＋エア）を採用した市名だ。

ただ、南セントレア市は公募の名称案になかっただけでなく、協議の不透明性もあって批判が相次いだため、あっぷる市と同じく合併自体が頓挫することとなった。

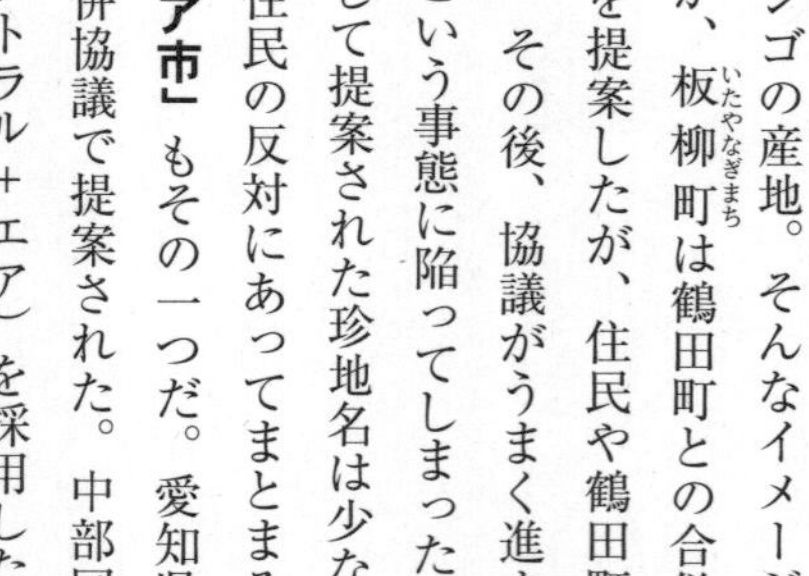

中部国際空港は美浜町でも南知多町でもなく、常滑市に位置している。

067 「マチ」「チョウ」、「ムラ」「ソン」はここが違う

村は「ムラ」「ソン」、町は「マチ」「チョウ」と、音訓2種類の読み方がある。どちらかにすべきという決まりはないが、**都道府県ごとにどちらか一方が多くなる**という傾向がある。

東日本では「マチ」が圧倒的に多いのに対し、**西日本では「チョウ」**が多数派となっている。江戸文化と上方文化の影響範囲の違いによるともいわれるが、北海道のように「チョウ」が多数派の地域もあり、例外も多い。

一方の村は町よりはっきりした結果が出ている。**関西以東はすべて「ムラ」**と読み、西は中国地方に「ソン」と読む自治体が多いようだ。

■ 町の都道府県別の読み方（各都道府県・自治体ホームページ参照）

都道府県	マチ	チョウ
北海道	1	128
青森県	19	3
岩手県	6	9
宮城県	11	9
秋田県	6	3
山形県	18	1
福島県	31	0
茨城県	10	0
栃木県	11	0
群馬県	15	0
埼玉県	22	0
千葉県	16	0
東京都	5	0
神奈川県	13	0
新潟県	6	0
富山県	4	0
石川県	6	2
福井県	0	8
山梨県	1	7
長野県	22	1
岐阜県	0	19
静岡県	1	11
愛知県	0	14
三重県	0	15
滋賀県	0	6
京都府	0	10
大阪府	0	9
兵庫県	0	12
奈良県	0	15
和歌山県	0	20
鳥取県	0	14
島根県	1	9
岡山県	0	10
広島県	0	9
山口県	0	6
徳島県	0	15
香川県	0	9
愛媛県	0	9
高知県	0	17
福岡県	29	1
佐賀県	2	8
長崎県	0	8
熊本県	20	3
大分県	3	0
宮崎県	0	14
鹿児島県	0	20
沖縄県	0	11

068 大阪と奈良は「近畿」ではない

大阪や奈良は正確には近畿ではない。こういわれると違和感を抱くかもしれないが、1000年以上前に日本の行政区画が決められたときは、大阪と奈良は「畿内《きない》」と呼ばれ、近畿とは区別されていた。

似たような漢字だが、「畿内」と「近畿」は意味が異なる。畿内とは、大和《やまと》（奈良県）、山城《やましろ》（京都府）、河内《かわち》（大阪府東南部）、摂津《せっつ》（大阪府北部と兵庫県南部）、和泉《いずみ》（大阪府西部）の五国を指し、五畿内とも呼んだ。それに対して、**「近畿」は「畿内周辺の国」を意味する**ため、本来の意味からすると大阪と奈良は「畿内」ということになる。

現在では近畿地方という呼称に法律上の決まりはないが、大阪府、京都府、兵庫県、奈良県、滋賀県、和歌山県、三重県、福井県などを指すことが多い。

古代の中国や日本では、君主が住む都市や周辺域を畿内と呼んでいた。そのため、畿内には多くの宮や陵墓が置かれていた。

069 「大字」や「字」は何を表す？

住所を見ると、市町村以下に「大字《おおあざ》○○」「字《あざ》○○」といった表記を目にすることがある。市（郡）町村―大字・町名―字という順で表記されるこうした区画はどのように決められたのだろうか？

字は元々、江戸時代の村の下の行政単位として使われていた。明治になり行政区画が整備されたときに、字がそのまま残され、現在も住所表記に用いられている。

大字は基本的に町と同じ意味で使われる。江戸時代に村・町だった地域が大字にあてはまる。明治期に○○村＋△△村＝○○村大字△△のような形で地名が決められていき、住所表記のパターンの一つになったのである。

その後も編入や合併が繰り返されたため、現在の地名は字や大字などの組み合わせによって多様性を持つようになった。

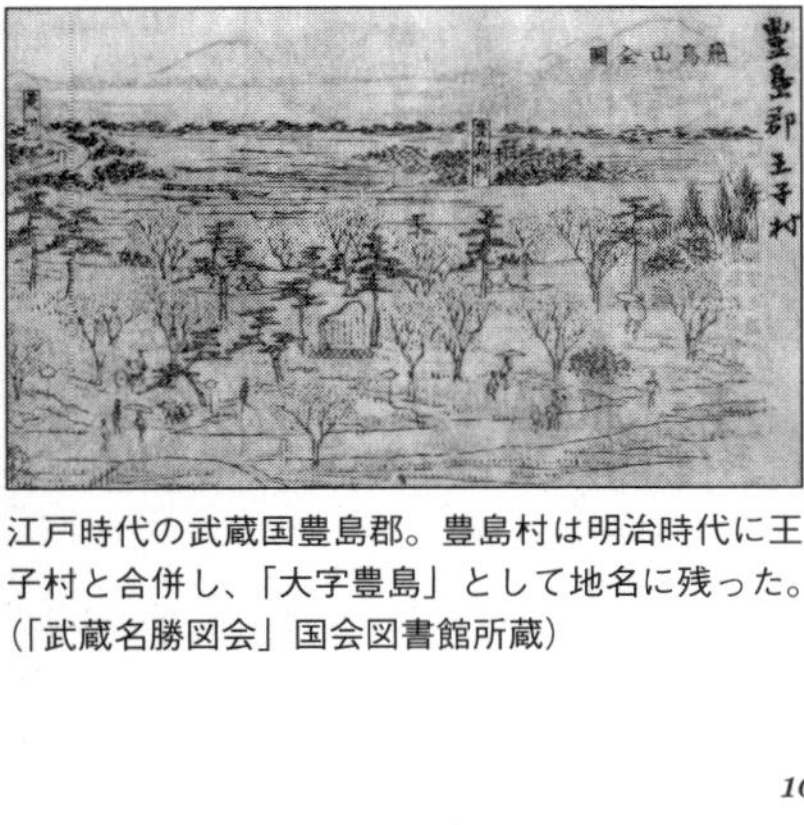

江戸時代の武蔵国豊島郡。豊島村は明治時代に王子村と合併し、「大字豊島」として地名に残った。（「武蔵名勝図会」国会図書館所蔵）

070 1万番地が存在する理由

普段目にする番地は「○○市△△町1―2」のように、町名以下の数字が1～2桁、多くても3桁ほどではないだろうか。これは町が変わるごとに番地が1から振り分けられていることが原因だ。例えば、A町1番地～30番地、B町1番地～40番地のように、町が変われば番地もリセットされる方式が採られている。こうした番地は1873年に実施された地租改正のときに導入され、その後順次整備されていった。

一方で、番地をリセットしない方式も存在する。「一村通し方式」と呼ばれ、村や町の場合にこの方式が採用されることがあった。この方式では、1～30番地まであるA村と、1～40番地まであるB村が合併した場合、新しく誕生したC町の番地は1～70番地となる。

こうした方式の違いが、番地にも影響を与えた。町村制が採用された1888年、すでに一村通し方式で桁数が大きくなった地域は、合併によってさらに桁数が膨れ上がり、1万を超える番地が誕生することになったのだ。平成の大合併や住居表示の導入などで番地も整備されたが、**現在でも三重県などには1万を超える番地が存在する。**

071 東京オリンピック開催で消えた地名がある

1964年に開催された東京オリンピックによって、日本は大きく変わった。スポーツの活性化や、交通網をはじめとしたインフラ整備など、その影響力は広範囲に及んだ。だが、オリンピックによって消えてしまった地名があるのも事実だ。住所をわかりやすくするために作られた「住居表示法」によって、古い地名が消えることになったのだ。駅名や施設名になっているため想像しにくいが、**原宿や御徒町、汐留なども消えてしまった地名の一部**だ。

住居表示法施行前は「○○丁目1番」の隣が「○○丁目10番」となるなど、住所がわかりにくかった。その問題を解決するため町名が統合されたことで、原宿は「神宮前」、汐留は「東新橋」に変更され、地名から消えてしまった。

■ オリンピックがきっかけでなくなった地名（一部）

旧地名	新地名	旧地名を冠した施設
原宿	神宮前	原宿駅
汐留	東新橋	汐留シオサイト
御徒町	台東、東上野	御徒町駅
谷町	赤坂、六本木	谷町ジャンクション
溜池町	赤坂	溜池山王駅
淀橋	西新宿	ヨドバシカメラ

072 こんなにあった！ 番地がない「番外地」

日本には番地がない住所が数多く存在する。住所に**「番外地」**と記されるそうした土地はなぜ誕生したのだろうか？

番外地となる土地は、**国有地や旧国有地**などが多くを占めている。軍事基地跡や自衛隊基地などがその代表だ。

また、ＪＲ四ツ谷駅のように旧国鉄時代の住所も番外地として残っている場合がある。その他にも高速道路のように境界をまたぐ自治体間の争いが生じたときや、埋立地のように土地として正式に認定されていないときは番外地となることがある。

ちなみに、一部の役所が番外地となっているのは「〇丁目〇番〇号」という住居表示方式以前の「〇丁目〇番地」という方式が適用されているためである。

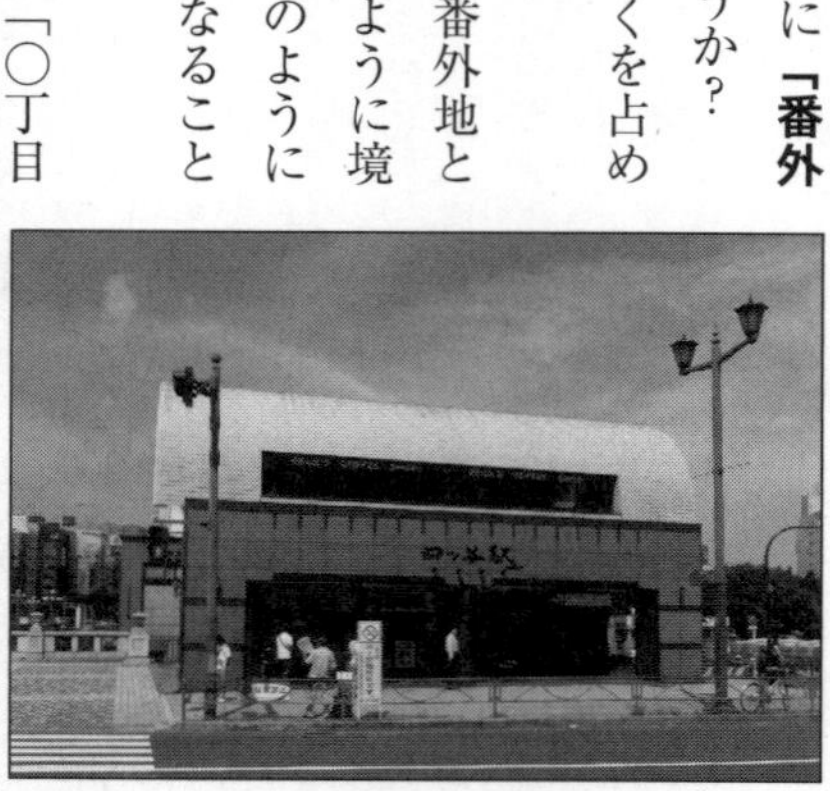

所在地が「新宿区四谷１丁目無番地」となっているJR四ツ谷駅（© Nyao148）

073
六本木が繁華街になったのはなぜ？

高級マンションや高層ビルが建ち並ぶ六本木は東京でも有数の繁華街であり、全国的な認知度も高い。１９６４年開催の東京オリンピックのために整備された場所だが、その地名の歴史は案外古い。

六本木という地名は、江戸時代初期にはすでに使われていた。ただ、その頃は現在の20分の1ほどの範囲を指しており、元々は武家地に程近い**寺の領地**だったという。その後、明治時代になって区画が整備されると、六本木には軍事施設が置かれて交通の要衝となり、多くの人で賑わうようになる。**戦後は米軍に接収されてバーやクラブが増え、洋風化が進んだ**。現在の六本木の原型はこのときにできたといえる。

地名の由来は6本の松があったとする説や、名前に「木」が含まれる6人の大名の屋敷があったとする説（上杉、朽木、高木、青木、片桐、一柳）があるが、正確にはわかっていない。ちなみにビルや施設が建ち並ぶ六本木通りには6本の欅《けやき》の木があるが、これは戦後の道路整備の際に「六本木」という地名にちなんで植えられたもので、昔からあるわけではない。

074

静岡県には「新幹線」という地名がある？

世界初の高速鉄道としてスタートした東海道新幹線は、高度経済成長の象徴の一つであり、現在では年間利用客数が1億人を超えるほどの規模を誇る。

そんな東海道新幹線が通る静岡県には**「新幹線」という変わった地名**が存在する。静岡県田《た》方《がた》郡《ぐん》函南《かんなみ》町《ちょう》上沢新幹線という土地だ。開業後、人気にあやかって名づけられたと思った人もいるかもしれないが、実は「新幹線」という地名誕生には戦前に企画されたもう一つの「新幹線計画」が大きく関わっているのだ。

1939年、戦争に必要な物資や人員を運ぶため日本と朝鮮半島、中国を結ぶ「弾丸列車計画」が企画された。戦争の激化で計画は頓挫したが、東京から大阪を結ぶために造られ

東海道新幹線用に造られた初代新幹線

たトンネルや構想の一部はその後、東海道新幹線開発へと引き継がれ有効に活用されている。

「新幹線」という地名は、この弾丸列車に由来する。弾丸列車計画のために掘削されたトンネル付近には、従業員宿舎が置かれていた。宿舎撤去後、新しい高速鉄道用トンネル建造が計画されたその地に親しみを込め、住民が「新幹線」と呼び始めたことで地名として定着したようだ。弾丸列車という地名にならなかった理由はわからないが、弾丸列車と同じ頃に登場していた新幹線という単語の方が、住民には親しみやすかったからかもしれない。

いつごろから新幹線と呼ばれるようになったかは正確にはわからないが、東海道新幹線開業前に刊行された地図にはすでにその名前が記されていたことがわかっている。

075 「大坂」が「大阪」になったのは縁起がいいから

なぜ「大坂」ではなく「大阪」なのだろう、と思ったことはないだろうか。昔は「大坂」の字が使われていたことは有名だが、確認できる初出記事は室町時代までさかのぼるほど古い。15世紀末、本願寺の蓮如上人の手紙にある「大坂」という字がそれにあたる。当時は「オオサカ」ではなく「オサカ」と呼んでいたようで、「小坂」の漢字が用いられる場合もあったようだ。

蓮如が大坂の地に建てた僧坊はその後、石山本願寺となって信徒を集めた。豊臣秀吉が同地に大坂城を建てると、周辺は城下町として開発が進み、「オオサカ」という町として認識されるようになっていくのである。

「大阪」という字が使われるようになったのは、江戸時代に入ってからだといわれている。「土」偏と「反」を合わせた「坂」の字が、「土にかえる」という意味があって縁起が悪いとの理由から「阪」の字が使われ始めたという。**「阪」には「盛ん」という意味が含まれている**ことから採用された。

しばらくは「坂」と「阪」の字が併用されていたようだが、1868年に「大阪府」が置かれ行政面で統一されたため、次第に「大阪」という認識が一般的になっていった。

076 大阪に淡路があるのは勘違いがきっかけ

大阪市には淡路という土地がある。淡路といえば兵庫県淡路島というイメージがあるかもしれない。実は、**平安時代の大学者・菅原道真の勘違いがきっかけで大阪にも淡路が誕生した**という伝承が残っているのだ。その伝承を見てみよう。

和漢の才能に秀でた平安時代の学者・菅原道真は、有力者の怒りを買って九州の大宰府に左遷されることになった。その途上、大阪の淀川を舟で下っていたとき、中洲を淡路島だと勘違いして上陸してしまった。この伝承がきっかけで、当地は「淡路」と呼ばれるようになったという。

大阪府内にはこうした菅原道真伝説が他にもある。淡路の隣には「菅原」という地名があったり、菅原道真が通ったとの伝承が残る神社があるなどゆかりが深い。

菅原道真は死後、学問の神・雷神として崇められ、全国に社が建てられた。（月岡芳年『皇国二十四功』国会図書館所蔵）

077 大阪府堺市の住所表記は「丁目」ではなく「丁」

大阪府堺市は、他の自治体とは異なる住所表示を用いている。**「丁目」ではなく「丁」を使用する**住居表示だ。全国で「丁」と表記するのは堺市だけ。これには、ある戦乱が関係している。その経緯を見ていこう。

堺の町は南蛮貿易によって栄えた港町で、戦国時代には「東洋のベニス」といわれるほどの経済都市だった。布教に来ていた宣教師も驚いたようで、その様子はヨーロッパにも伝わっていたという。

しかし、1615年の大坂の陣の戦火に包まれ、堺は全焼してしまった。中心地も大坂から江戸に移ったため堺の重要度は下がっていたが、日本有数の都市を捨て置くわけにもいかない。そこで、時の権力者・徳

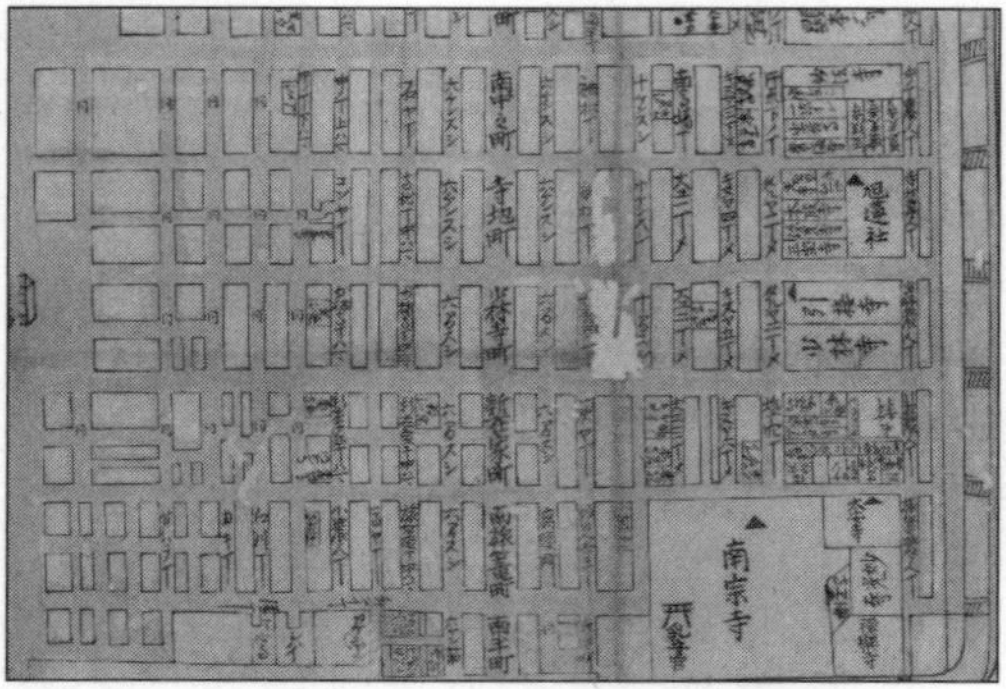

町割りによって区画整備された江戸時代の堺の様子
(「堺大絵図改正綱目」国会図書館所蔵)

川家康によって堺の町が再建されることになったのである。徳川家康は、町割りと呼ばれる都市計画を実行した。京都のように町を碁盤の目状に区分けし、整然とした町を生み出したのである。

だがその結果、小規模の町の数が多くなって住所が複雑になってしまった。そのため、明治になって新しい行政区画を取り入れるとき、政府はＡ町とＢ町を統合して「Ａ町Ｂ丁」とする表記に変えて住所をわかりやすくしようとした。つまり、「丁」も元をたどれば「町」だといえる。

こうした歴史的な背景があるため、**堺は「丁」よりも「町」という意識が強くなった**と考えられている。「丁」は「町」と同格だから「丁目」という表記がなじまない。そうした伝統を踏まえて、２００５年に編入された美原《みはら》区域を除く市域で現在も「丁」が用いられている。

堺を再建した徳川家康

078 京都市特有の住所「上る・下る・西入る・東入る」

京都市の住所には、京都市役所の「京都市中京区《なかぎょうく》寺《てら》町通《まちどおり》御池《おいけ》上る上本能寺前町488」のように「○○通」や「**上《あが》る・下《さが》る・西入《にしい》る・東入《ひがしい》る**」という変わった表記が用いられる。初めて見ると戸惑ってしまうかもしれないが、この住所表記には規則性があるため、慣れれば旅行も便利になるはずだ。

ではその規則性とはどのようなものだろうか？　京都市の原型である平安京は碁盤の目状に整備された計画都市だ。そのため、古くから南北に伸びる縦の通りと東西に伸びる横の通りを組み合わせた呼称で場所を表してきた。

例えば、下図の①は「両替町通東入る夷川通上る」、②は「三条通上る高倉通西入る」、③は「六角通上る室町通東入る」と表すことができる。

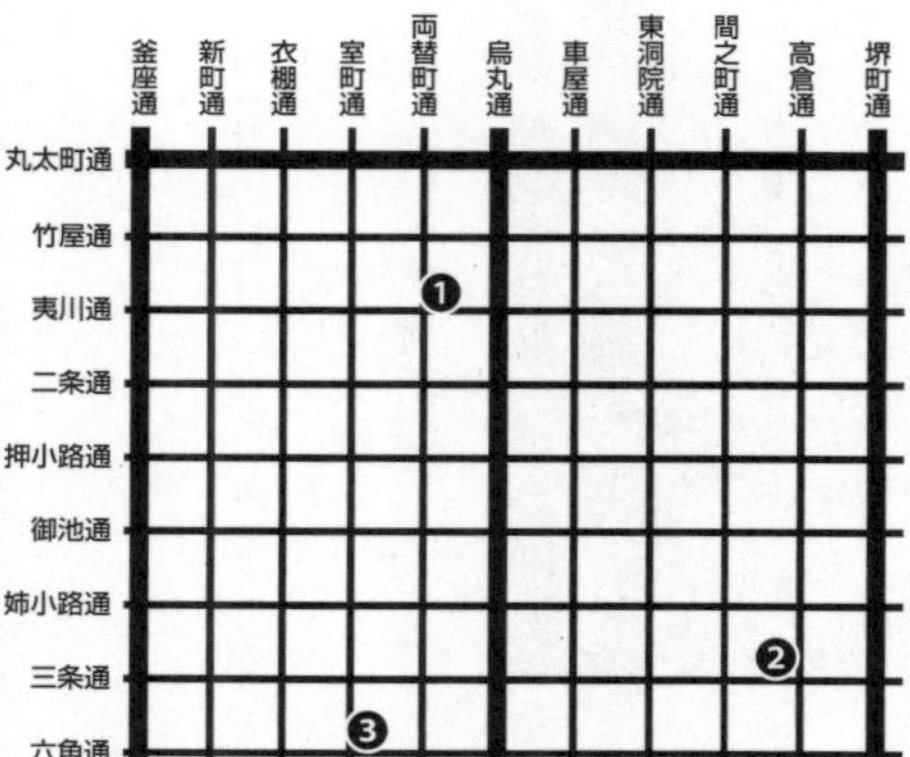

079 「舞浜」の由来は海外のあのビーチ

千葉県浦安市舞浜は、40年ほど前は地名のない埋立地に過ぎなかった。だが、東京ディズニーランドの建設が決まり地名をつけることになった当地は、事業主オリエンタルランドの提案によって「舞浜」と呼ばれるようになったのだ。

舞浜という地名は東京ディズニーランドの最寄り駅・舞浜駅が元になっている。オリエンタルランドは駅名に「東京ディズニーランド前駅」を提案していたが、アメリカのウォルト・ディズニー・ワールド・リゾートから却下されてしまう。ディズニーランドの名を冠する施設の評判が悪くなった場合、ディズニーランドのイメージにも悪影響が及ぶ可能性があるというのが理由だ。

そこで、オリエンタルランドはウォルト・ディズニー・ワールド・リゾートがあるフロリダ州**「マイアミビーチ」をもじって「舞浜」**という名をつけた。マイを漢字の舞、ビーチは英語から日本語に変えて浜。「舞いたくなるような楽しい浜」というイメージを利用客に与えることも念頭に置いている。外国人にとっても「マイハマ」は覚えやすいだろうという考えもあった。舞浜に椰子《やし》の木があるのも、本場のマイアミビーチを意識しているからだという。

080 日本一長い地名・短い地名

自治体名は漢字で二文字の場合が多いが、合併によって二つの自治体名を合わせたり、ひらがなにしたりで文字数が増えるようになった。その結果、「**かすみがうら市**」「**つくばみらい市**」「**いちき串《く》木《き》野《の》市**」という六文字の自治体が誕生した。今のところ、文字数が一番多いのはこの六文字の自治体だ。ちなみに読み仮名が多い自治体では「南《みなみ》九《きゅう》州《しゅう》市《し》」の九文字が最長となっている。

逆に一番短い自治体名は何だろうか？　初めに思い浮かぶのは三重県の「**津市**」だろう。漢字も読み仮名も一文字しかないが、読みも字も一文字の地名はこの他にも存在する。千葉県旭市**イ**のような字《あざ》名も地名の一つだからだ。

そもそも地名は土地の呼び名を指すため、自治体名以外の町名や字名なども地名だといえる。県名から字まで記す住所も地名に含むとしたら、マンション名や施設名を除く住所でいえば、「**愛知県海《あ》部《ま》郡《ぐん》飛島村《とびしまむら》大字飛島新田《とびしましんでん》字竹《たけ》之《の》郷《ごう》ヨタレ南《みなみ》ノ割《わり》**」が、日本一文字数が多い地名としてインターネット上では表示される。2015年2月に他の地域に編入されて消滅したが、確かにここまで長ければ、読むだけでも苦労してしまう。

081

神奈川県の「神奈川」はどこにある？

首都圏で東京都に次ぐ経済力を持っている神奈川県は、鎌倉や横浜など古くから栄えた地が多い。県名も**江戸時代に置かれた神奈川宿**に由来する。江戸と京都を結ぶ東海道の神奈川宿は、参勤交代や幕府の公用、庶民の旅行などで賑わい活況を呈していたため、県名に採用されたのだ。

しかし、県名に採用されたにもかかわらず、「神奈川市」という市は存在しない。神奈川市ではなく、「**横浜市神奈川区**」としてその名前が残るという、一見不思議な状況になっているのだ。

よく知られているように、横浜は幕末に開港して大発展を遂げた貿易港である。人もまばらな寒村を開港されて外国人も不満を抱いていたようだが、横浜が日本最大級の交易地に急成長したことで事情は一変する。神奈川宿を凌ぐ都市として国内外で広く認識されるようになったのだ。

明治維新後、横浜港、神奈川宿を含む地に神奈川府が置かれ、１８８９年には旧神奈川宿周辺に神奈川町《かながわまち》が誕生した。だが、経済力においては横浜港を擁する横浜市が神奈川府の中心地となっており、神奈川町が市名に採用される可能性は低かった。結局、神奈川町は隣接する横浜市に吸収され、１９２７年に現在と同じ「神奈川区」になった。

082 企業名由来の地名・地名由来の企業名

企業名に由来する地名は日本各地に存在する。愛知県**豊田**《とよた》**市**もその一つだ。豊田市の前身・愛知県挙母《ころも》市は、**トヨタ自動車**の国内初の乗用車専用生産工場が置かれた土地だった。そのため、住民の多くが自動車産業に従事していた。市民の8割近くがトヨタ自動車と関わりを持っていたため、商工会議所による市名変更の要望が出たときも賛成する人が多かった。こうして1959年、日本初の企業名を冠した自治体が誕生することになったのである。

この他にも、日本麦酒醸造会社（現・サッポロビール）が工場を設置した土地は、販売した「ゑびすビール」に由来する「**恵比寿**」という地名になったし、川崎重工のように全国各地に企業名が採用されている土地もある。群馬県太田市には、富士重工業が販売する自動車**「スバル」にちなんだ「スバル町」**という地名があるなど、枚挙に遑《いとま》がない。

逆に、地名に由来する企業もかなり多い。いすゞ自動車は伊勢神宮境内にある五十鈴川に由来するし、同じ自動車メーカーの日野自動車も東京都日野市が由来の企業だ。

電気機器メーカーの**オムロン**の企業名にも地名が含まれている。太平洋戦争時の空爆から逃れるため工場を建設した場所が京都市の**御《お》室《むろ》**だったことに由来する企業名だ。大阪や東京に置かれた生産工場や事務所は戦災で焼失してしまったため、拠点を京都に移し、1959年にブランド「OMRON」を立ち上げ、1990年に社名を立石電機からオムロンに変更した。

このように、企業名と地名が表裏一体の関係にある地域は多い。企業名が創業者の名前に由来する場合は、シャープの旧名・**早川電機工業**を基に命名された栃木県矢板市**早川町**のように、人名が地名になることもある。

■ 企業由来の主な地名

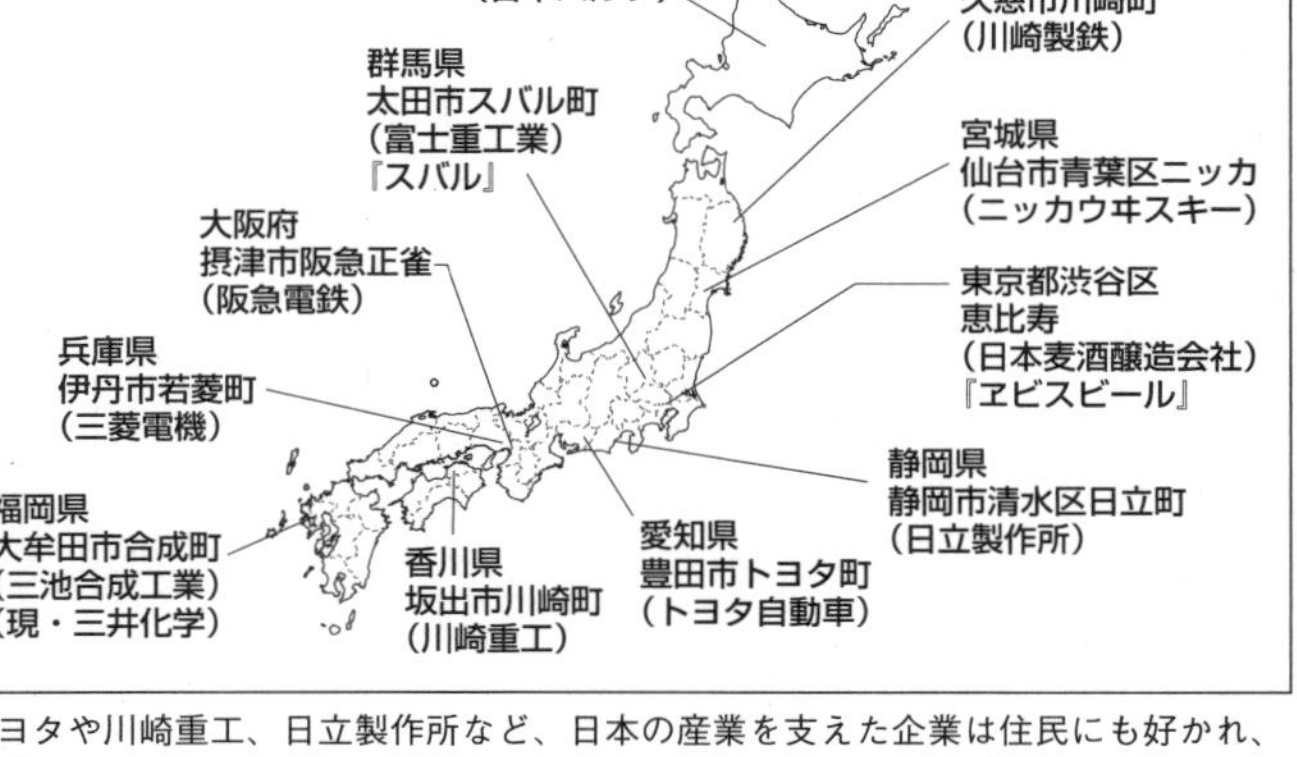

トヨタや川崎重工、日立製作所など、日本の産業を支えた企業は住民にも好かれ、地名になることが多かった。

083

ややこしすぎる日本全国のそっくり地名

「ヤマガタはどこ?」と聞かれれば、東北の山形県が思い浮かぶのではないだろうか。だが、実際には山形県「**山形市**」と岐阜県「**山県市**」という同音の自治体がある。

このような、字は違うけど読み方が同じ地名は少なくない。昔ながらの地名なら仕方ないかもしれないが、同音で字が異なる市名は**平成の大合併によって誕生した**場合が多い。音が同じでも字が異なれば市名として認められる場合が多かったため、合併によってややこしい名前の自治体が次から次へと誕生してしまったのだ。結果として、12組の同音自治体が生まれることになった。しかも、そのうちの2組は字も同じ。市名だ

■ 全国の同音市名

市名（都道府県）	市成立年
伊達市（北海道）	1972年
伊達市（福島県）	2006年
山形市（山形県）	1889年
山県市（岐阜県）	2003年
古河市（茨城県）	1950年
古賀市（福岡県）	1997年
佐倉市（千葉県）	1954年
さくら市（栃木県）	2005年
府中市（東京都）	1954年
府中市（広島県）	1954年
北杜市（山梨県）	1954年
北斗市（北海道）	2006年
津島市（愛知県）	1947年
対馬市（長崎県）	2004年
江南市（愛知県）	1954年
香南市（高知県）	2006年
堺市（大阪府）	1889年
坂井市（福井県）	2006年
三次市（広島県）	1954年
三好市（徳島県）	2006年
みよし市（愛知県）	2010年
鹿島市（佐賀県）	1954年
鹿嶋市（茨城県）	1956年
出水市（鹿児島県）	1954年
和泉市（大阪府）	1956年

けではどこだかわからないという不都合が生じてしまったのだ。

平成の大合併によって誕生した自治体の他にも、「正しいのはどっちだろう」と混乱してしまう地名は多い。北海道の士別《しべつ》市と標津《しべつ》町がその例だろう。北海道のテレビやラジオでは、士別を「サムライ士別」、標津を「根室標津」と呼び分けているという。市か町で区別する場合もあるようだ。「シベツ」という言葉は、「大きな川」を意味するアイヌ語の「シペッ」からきている。地名として表記されることになったときに異なる漢字があてられただけで、士別も標津も意味は同じなのだ。

青森県にある奥入瀬川《おいらせがわ》と追良瀬川《おいらせがわ》も、音や意味は同じだが距離は離れているし水源も異なる。白神山地を流れるのが追良瀬川、十和田湖が水源の方が奥入瀬だ。ただ、奥入瀬川が流れる「おいらせ町」という自治体があるため、判断がつきにくい場所でもある。

名勝として人気のある奥入瀬川の渓流。「おいらせ」は「奥に入った所にある瀬」という意味だと考えられる。（© Toshinori baba）

084 住むのが怖い　恐ろしい地名

血流れ坂、死人沢《しびとざわ》、人喰谷《ひとくいだに》、人切山《ひときりやま》。こうした悪い冗談のような地名が日本中に存在する。それぞれ神奈川県、宮城県、富山県、青森県に実在する土地で、どこも由来を想像するだけで怖くなってしまう。だが、土地の歴史を知るにはこうした地名が大きな手がかりになる。特に、不都合な出来事は文献記録に残らない場合があるため、地名が語る歴史は貴重だといえる。

「死」や「血」など、直截的で物騒な地名は目を引くが、他ではあまり見ないような珍しい地名の場合も、恐ろしい由来を持つ場合がある。例えば、京都市の**蹴上《けあげ》**という地名の由来は、**処刑場に行くのを渋る罪人を、役人が蹴り上げながら進んだ土地**だからという説がある。

富山県の人喰谷。曲がりくねった山道を通らなければ辿り着けない。(© tsuda)

085 地名が語る災害の怖さ

地名がその土地の歴史を反映している以上、いい名前ばかりになるとは限らない。むしろある土地で災害や事件などが起きると、地名にその跡が残されることが多かったようだ。市町村合併によって物騒な地名は減ってきたが、過去の災害を忘れないためにも、近年は古文書を使って旧地名を特定する研究が進んでいる。

浦安市の**猫実**《ねこざね》は、鎌倉時代に大津波に襲われて被害を受けた。その後、集落の人々が堤を築いてその上に松の木を植え、「根越《ねこさ》ね」という思いを込めたことが地名の由来となっている。

土地の地盤が脆かったり、川の氾濫があったりする場所は、「**崖・削・滑**」などの字が使われることがある。また、**「久保」や「尻」のような字は低地を指す**といわれているため、雨が激しくなれば水がたまってしまう可能性がある。もちろんこうした字が地名に含まれているからといって、その土地に災害があったとはいえないし危険というわけではない。ただ、時代を経るごとに地名が徐々に変化し、その地名に込められた意味がわからなくなる場合が少なくないため、気になる地名を調べてみれば、過去からの警告を発見することがあるかもしれない。

086 「沼・池・影・尻」縁起が悪い土地は改名される

いい場所に住みたいと思ったら、物件の利便性だけでなく地名にも注目してほしい。なぜなら、地名は地質や天候などの自然条件を基に名づけられることが多く、水害や地盤沈下があった過去を示しているかもしれないからだ。

前ページで見たように低地や窪地など海抜が低い土地は地名に残りやすい。例えば、世田谷区の**池尻**の「尻」は「出口」、つまり「**池の出口**」を意味する。池や沼が川に出る地点であったことから名づけられた地名だ。目黒川に近い沼沢《しょうたく》地帯であるため、昔は水がたまりやすかったのかもしれない。

同じように、湿地帯だった土地には「**沼・池**」などの字がつけられた。沼や池などを埋め立てた土地であるため、現在でも地盤が脆いのではと忌避されることが多い。「**影**」がつく地名も、日の当たらないイメージがあって人気がないようだ。あげればきりがないほど嫌われる字は多い。

近年は、こうした地名は縁起が悪いとして編入や合併のときに地名を変更しイメージアップを図る自治体や不動産業者が増えている。

087 山手線は「ヤマテセン」か「ヤマノテセン」か

1日の利用客数が100万人を超えるJR山手線。駅の構内アナウンスでは「ヤマノテセン」と呼ばれるし、開業時の読み方も「ヤマノテセン」だった。しかし、**「ヤマテセン」が多数派だった時期**も実はあった。

戦後間もない頃、GHQの指示で鉄道施設や道路標識にローマ字を併用することが義務付けられることになった。そのとき、国鉄内での通称「ヤマテ（YAMATE）」が振られ、その呼び名が定着してしまったのだ。

1970年頃から他駅との混同を避けること、伝統的な呼び名の方がふさわしいことなどを理由に振り仮名表記が「やまのて」「YAMANOTE」に統一されたことで、今では「ヤマノテセン」の呼び名が定着している。

1947年の山手線車両（自由出版株式会社『少年少女科学グラフ7号』より）

088 品川駅が品川区ではなく港区にあるのはなぜ？

JR山手線の品川駅と品川区は、江戸時代に宿場町として栄えた品川宿にちなんで名づけられた地域だといわれることが多い。だが、なぜか**品川駅は品川区ではなく、その北の港区にある**。しかも駅が品川宿跡地というわけでもない。

以前は、駅開業によって馬や籠の利用者が減ると宿場町が反対したため、街道から離れた場所に駅が建設されたという説が有力だった。しかし、近年ではその説がくつがえされつつある。

品川駅は1872年、貿易の中心地・横浜と都心を結ぶため開業した日本最古の駅だ。開業の反対運動はあったかもしれないが、それ以上に商売のチャンスを

船着場として栄えた品川宿の様子（『東海道五十三次』「品川宿」歌川広重・画）

広げようとする推進派も多かった。その証拠に、誘致運動に関する史料は多く見つかっているのに対し、反対運動に関する史料は残っていない。近年は反対運動が激化していたというのはただのデマで、**明治政府が鉄道開設を急いで面倒な品川宿買収を避けた**とする説が有力だ。

では、なぜ港区が選ばれたのか？　実は1869年から1871年まで**港区は品川県の一部だった**。品川県は品川をはじめ、新宿や渋谷、武蔵野や横浜などを含む広範な県だったが、廃藩置県によって消滅し、その大部分が東京府に編入されてしまった。こうした経緯から、品川駅という名称は鉄道建設当時の県名からとられたとも考えられている。

ちなみに、京浜急行の北品川駅という名称は、品川区の旧品川宿の北に位置することから名づけられた。だが品川区は港区の南に位置する。そのため、**品川駅の南に北品川駅がある**という珍しいことになってしまった。

品川県は港区だけでなく品川区や渋谷を含む広範な都道府県だったが、廃藩置県によって２年足らずで消滅することになった。

089 「埼京線」という路線は存在しない

首都圏を結ぶ鉄道網の一つ・埼京線は、東京都の大崎駅から埼玉県の大宮駅の区間を指す。池袋や新宿、渋谷などを通り、りんかい線とも直通しているため、利用客が多いことで知られている。そんな埼京線という名称、実は**正式な線路名ではない**。

どういうことかというと、大崎駅から大宮駅を結ぶ区間は山手線、赤羽線、東北線の線路を使っているだけで、「埼京線」専用の駅や線路は存在しない。線路ではなく「運行系統」の名称が「埼京線」なのだ。各線の線路を借りて運行しているともいえる。

名称の通り、埼京線は埼玉県南部から東京への通勤・通学者のために新設された経路だ。1985年に赤羽と大宮を結ぶ区間から運行が始まり、新宿、大崎などへ徐々に延伸していった。現在では赤羽線の区間は埼京線の名前が使われ、車内案内でも赤羽線の名は呼ばれない。そのため、正式路線の赤羽線よりも埼京線の知名度の方が圧倒的に高くなり、一つの路線として認知されるようになったわけだ。

同じように、**「京浜東北線」も線路名ではなく運行系統**を指している。

090 「ごめん」「ありがとう」という駅がある

アンパンマンの原作者・やなせたかしは少年時代を高知県で過ごした。その町の名は「**後免**《ごめん》**町**《ちょう》」。江戸時代、課税を免除（御免）されたことから名づけられた土地だ。駅名も当然「後免駅」だが、駅の案内板には親しみやすさを意識したのか、ひらがなで「**ごめん駅**」と表記されている。「ごめん」で埋め尽くされたやなせたかしの「ごめん駅でごめん」と題する詩碑もある。

後免駅の次の停車駅は後免町駅。愛称を「**ありがとう駅**」という。この路線のイメージキャラクターを発案したやなせ氏によってつけられた名称だ。皆が素直に「ごめん」「ありがとう」と言えるように、との思いが込められている。やなせ氏の「ありがとう」の詩を見ることもできる駅だ。

「ごめん駅」にあるやなせたかしの詩碑（© Ryosuke Sekido）

091 旧国名が都道府県名にならなかったのはなぜ？

讃岐うどんや薩摩揚げなど、郷土料理や名産品の名称は**旧国名**を冠していることが多い。行政区画として使われることはなくなったが、都道府県境と旧国境はほぼ一致するため、現在でも都道府県の別名としてよく使われる。出身地の旧国名を知っている人も多いのではないだろうか。奥州市や出雲市、土佐市など、自治体名にも採用されるほど人気が高いが、**都道府県名には旧国名が採用されることがなかった**。一体なぜだろうか？

行政区画として「国」が機能していたのは8世紀から室町時代中頃までで、江戸時代には約300の藩がそれぞれの領地を治めていた。行政上は必要がなくなったわけだが、藩成立後も地名として旧国名が残り、越後屋、近江屋のような商家の屋号に好んで使われたようだ。長い歴史を持つ旧国名は、江戸時代から懐かしさを思い起こさせるものだったのだろう。

だが、天皇中心の近代国家樹立を目指す明治政府は、同じく天皇が中心だった**律令制の時代とは異なることを示すため**、廃藩置県の際、県名に旧国名をあえて採用しなかったのではないかと考えられる。

また、県の起源も旧国名が採用されなかったことに大きく関係している。廃藩置県によって新たに誕生した3府302県は、藩から県に名前が変わっただけで県境と藩の境界はほとんど同じだった。つまり、**初めにできた県は旧国よりも藩に近かった**のだ。

廃藩置県に伴い、県名より先に県庁所在地が決められたが、その多くに旧藩の城下町が選ばれた。そして、その**県庁所在地名がそのまま県名になっていった**ため、旧国名が採用される余地がなかったのではないかと考えられる。

富国強兵を目指した明治政府は、安定した自治体を成立させるため人口や財力が均等になるよう県の統廃合を繰り返した。しかし、無理やりはめ込まれた行政区画では紛争が起こることもしばしばあって世情が安定しない。試行錯誤の末、旧国の境界を参考にすることで、ようやく落ち着いた行政区画が誕生することになったのである。

都道府県制に繋がる「全国一致之政体」施策を太政官に求めた大蔵大輔・大隈重信

092

旧国名はどのように決められた？

8世紀、大和政権は全国に新しい行政区画を設け、中央から各地に国司を派遣し土地と民を支配下に置いた。それ以前の国を分割し、最終的に66国2島に落ち着いたが、これらの国名は**畿内との距離**で決められていた。それ以前の国を分割し、距離に応じて「前・中・後」や「上・下」の字をつけたのだ。では、「それ以前の国」にはどのような由来があるのだろうか？

まず、西日本は**故事や自然**などに由来する国名が多い。実り豊かな地であることを表す九州北東部の豊国《とよのくに》がその例だ。また、現在の佐賀県、熊本県にあたる肥国《ひのくに》は火山活動が盛んなことからもとは「火国」と呼ばれていた。それに対し、東日本は「奥」や「越」など、**遠方を意味する字**が使われている。

この違いは、朝廷の支配力が関係している。朝廷は九州や中国地方とは8世紀以前から交流していたが、北陸や東北は畿内と距離が離れていることから**辺境の地**として忌避していた。つまり、朝廷は東日本の実情がよくわからなかったのである。それは、陸奥が青森県から福島県までの広大な範囲を指していることからも推測できるだろう。こうした朝廷の認識が地名にも反映されたといえる。

ただ、都から離れている地でも朝廷との繋がりを思わせる地名がつけられることもあった。千葉や茨城、埼玉などにあたる総国《ふさのくに》の「総」の字は、植物の「麻」を意味する。総国＝麻の国ということになるが、その理由は天皇の側近がこの地に植えた植物のうち、麻の成長が特別目立ったからだという。

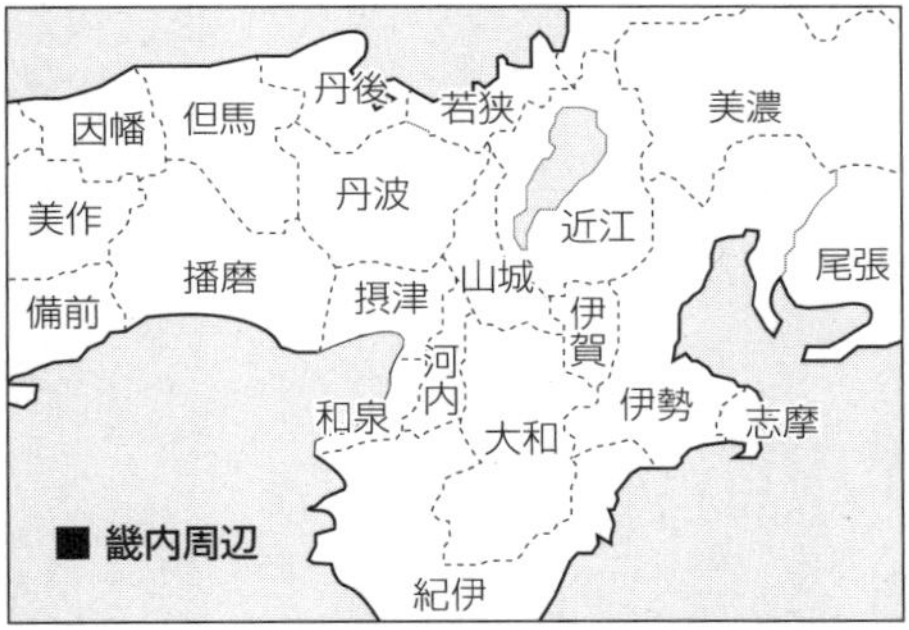

■ 畿内周辺

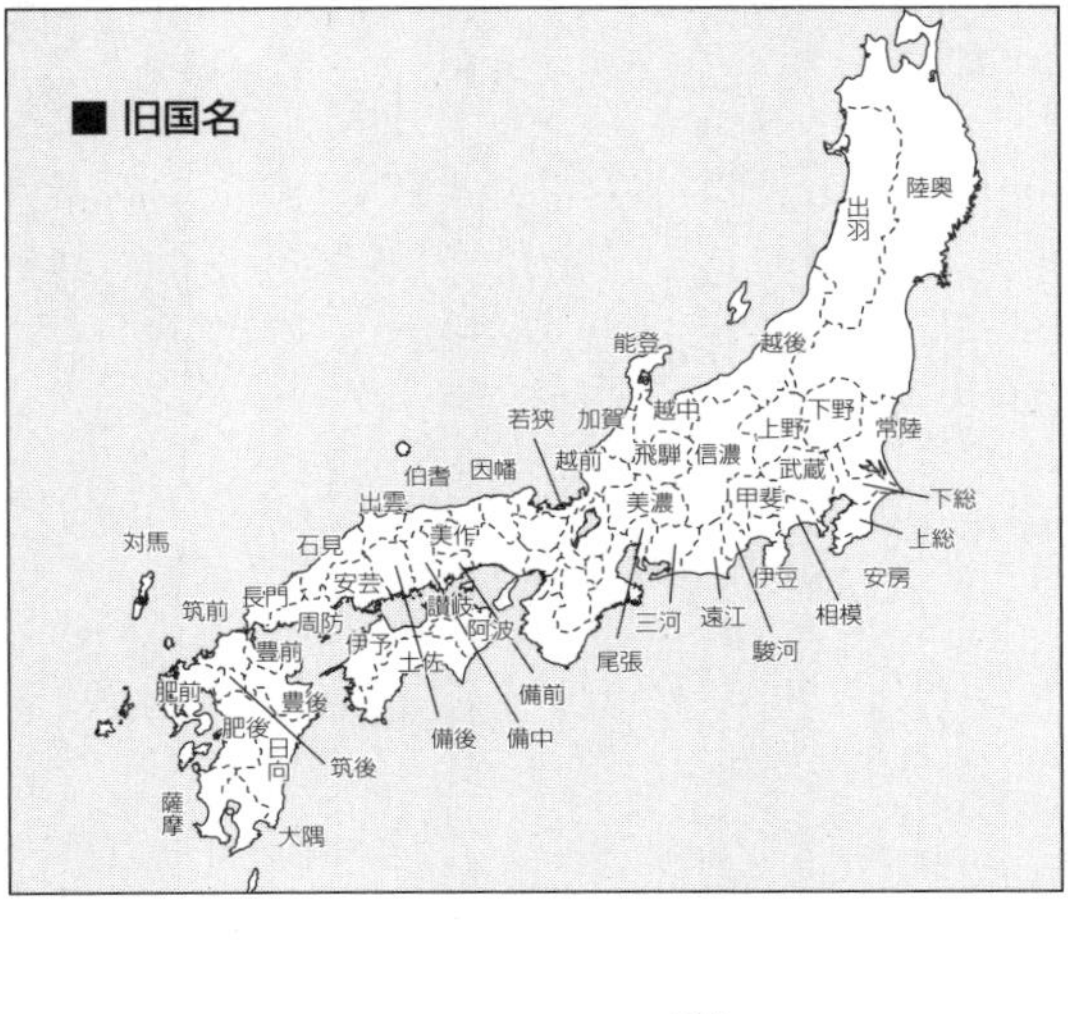

■ 旧国名

093 福岡県に博多市がないのはなぜ？

古くから貿易港として九州の発展を支えてきた港町・**博多**。福岡への玄関口もＪＲ博多駅だし、港名も博多湾だが、なぜか**「博多市」は存在しない**。行政単位の福岡市博多区を見てわかるように、市でなく区に分類されている。これだけ大きな都市がなぜ独立した市町村にならなかったのだろうか？

現在の姿からも想像できるように、博多は町人の町として栄えてきた。戦災で町が全焼することもあったが、交易によって莫大な富を得られる土地だったため、権力者や豪商などがそのつど復興し存続してきた。九州といえば博多だといっても過言ではなかったのである。

ところが、江戸時代にこの地の領主となった黒田長政は、祖先出生の地・備前国邑久《おく》郡福岡にちなんで居城を福岡城と命名し、それに合わせて城下町を福岡と改めた。そのため、江戸時代を通して続いた福岡という地名に愛着を抱く人も多かったようで、１８８９年に市制を導入する際には大いに揉めた。福岡と博多、どちらが市名にふさわしいか**議会によって投票が行われた結果、１票差で福岡市が勝利した**ため「博多市」は実現せず、後に区名として残ったのである。

094 アンデスメロンはアンデス山脈と関係ない

黄緑色の瑞々しい果肉と安定した甘さが特徴のアンデスメロン。味が安定しているだけでなく、日持ちもよく、マスクメロンに似た甘さを持ちながらも他品種と比べると安価で手に入ることから人気が高い。

このアンデスメロンという名称、実は**南米大陸の西部を走るアンデス山脈とはまったく関係ない**。それどころか、１９７７年に種苗会社であるサカタのタネによって日本で開発された、正真正銘の国産品種である。

アンデスメロンは元々、農家にとって栽培しやすく、消費者も手に取りやすいことから「**安心ですメロン**」として売り出される予定だった。だが、商品名に異論が出たことで結局は省略した「アンデスメロン」に変更され、その名の通り庶民に親しみやすいメロンとして定着していくことになるのである。

ちなみに主な産地として茨城県や山形県、熊本県などが挙げられる。網目が細かく均一のものが味や香りがいい傾向があるため、購入時の参考にしてもらいたい。

篭　名物壁
四十ウ十六丁余
在山蒸炬　布
四九十アリ六丁余
二ノ三ヶ　名産　明礬
十八リ三十丁余
沢　庄内　物産　織物
千九リ卅三丁余
名産　漆器
練物
下
新潟　名産　香器
ノ物産　紙　墨　鍍
三ツ十七リ余
名産　簑笠　石炭
浦　物産　魚紙　海草
漁獲物
坂山　名人　湧
八十九リ十九丁余
青海　名産　猪布　鮭
名産　珊瑚　海草
府　極特山
山下　名産　蝋石　木履
新山　園絵
宮下　名産　海参
天の橋立
府下
地　名産　瑪瑙
下
名産　銅
名産　雲母

第4章　知れば驚く日本の地形

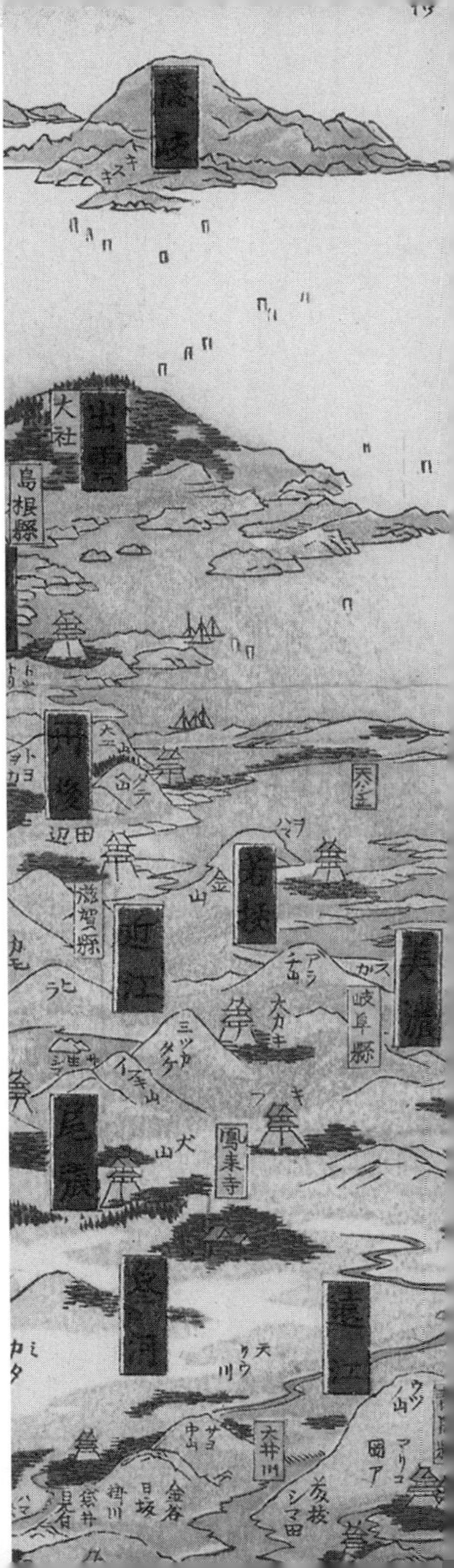

095

琵琶湖は湖ではなく川だった

日本最大の湖であり、滋賀県のシンボルでもある琵琶湖。名前に「湖」とついているから、誰も琵琶湖が湖であると信じて疑わないだろう。しかし、琵琶湖が湖というのは誤りである。

河川法において、**琵琶湖は一級水系の淀川水系に属する一級河川であり、同法上での正式名は「一級河川琵琶湖」という**。一級水系は国土交通大臣が国にとって重要だと指定したもので、一級河川はそこに属する河川だ。

琵琶湖は大津市あたりから流れ出て瀬田川と呼ばれるようになる。さらに京都府に入るあたりで宇治川と名を変え、京都府と大阪府の境界あたりで桂川、木津川と合流し、それより下流が淀川と呼ばれそのまま大阪湾に流れこむ。これらが、淀川水系をなす河川である。

国内の湖沼のほとんどが河川法に基づき河川とされている。そもそも湖については法律上の定義がないのだ。

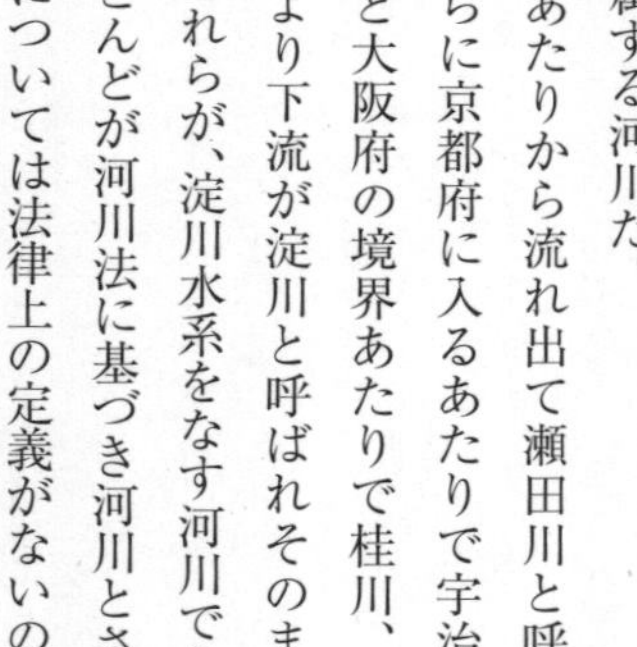

琵琶湖から、瀬田川、宇治川、淀川と名前を変え大阪湾へと流れこむ、淀川水系

096 死霊が集う恐山は「入り江」だった？

青森県下北半島にある霊場・恐山《おそれざん》は、比叡山、高野山と並ぶ日本三大霊山の一つだ。９世紀半ばに天台宗の円仁が修練道場として開山したと伝わっている。年に１度、７月下旬の恐山大《たい》祭《さい》の時期にはイタコによる口寄せが行われ、死者の供養のため多くの人が訪れる。

ここは**火山から形成されるカルデラ盆地の地形をなしており、「恐山」は外輪山一帯の総称**だ。しかし恐山は**山ではなく入り江だったという説がある**。この一帯は江戸時代に「宇曽利《うそり》山」と呼ばれており、「ウソリ」とはアイヌ語の「ウショロ」に由来した、「入り江、湾」という意味なのだという。

現在「恐山」と呼ばれる場所がかつて入り江だったというのではなく、盆地の底に広がるカルデラ湖、宇曽利湖を指しているのだろう。この宇曽利湖は強い酸性で、ごく僅かな生物しか棲んでいない。恐山の名に見合う、恐ろしい場所といえるだろう。

極楽浜から臨む宇曽利湖（© Angaurits）

097 生物も棲めない酸性の湖とは？

見た目が汚いわけではないのに、まったく生物の棲めない湖があるという。その理由は水質にある。汚染されているのではなく、**水質が強い酸性のため、ごく一部の微生物しか生息できない**のだという。前ページで少し触れたが、青森県恐山の宇曽利湖もその一例だ。

その原因は、湖の周りを火山に囲まれたカルデラ湖である場合が多いのだが、群馬県の品木《しなき》ダムによって形成された上州《じょうしゅう》湯《ゆ》の湖《こ》は、湖内に流れる吾妻川《あがつまがわ》の影響である。

この吾妻川は非常に強い酸性を示し、魚も棲まない「死の川」とよばれた。現在は近くに酸性を中和する工場が建てられ、水質は安定している。

ほかにも北海道屈斜路《くっしゃろ》湖も魚のすめない酸性湖とされていた。こちらもカルデラ湖であるのに加え、地震により湖底から**硫黄**が噴出したためより強い酸性になったという。

しかし、それは過去の話で、現在は酸性度がかなり低くなっており、釣りも楽しめるほどだという。

これらの湖は総じて澄んだ綺麗な色をしており、観光にはもってこいの場所である。

098
その高さ50メートル！諏訪湖の間欠泉とは

間欠泉《かんけつせん》とは、一定の周期で蒸気や熱湯を噴出する温泉のことである。日本にもいくつか存在し、登別や熱海、別府といった有名温泉地でも間欠泉を見られる。海外では、アメリカのイエローストーンが有名だ。噴出する高さは最大約75メートルにまで達するという。

日本にもかつて、それに匹敵する間欠泉があった。**長野県上諏訪温泉の間欠泉**である。1983年、温泉掘削中に噴出した**約50メートルの間欠泉は当時世界第2位の記録をつくった。**これを観光地化すべく市は間欠泉センターを作ったのだが、それ以降間欠泉の自噴間隔が広がり、ついには自噴が止まってしまった。現在は人工的に温泉を噴出させているが、その高さは5メートル程度にとどまっているそうだ。

温泉量によっても噴出する高さは変動するので、見に行くときはその覚悟を持っていくのがよいだろう。

上諏訪温泉の間欠泉（2004 年頃撮影）（© Yosemite）

099 三途の川がこの世に実在する？

あの世とこの世の境目に存在するという、三途の川。伝承上のものだと思われがちだが、この三途の川が、この世に地名として残っている。それも一つではなく、少なくとも5カ所に存在する（「三途川」と書いて「さんずのかわ」「さんずがわ」と読むことが多い。また、別名で三途川と呼ばれているケースもある）。

一つが、**群馬県甘楽町《かんらまち》を流れる川**だ。奈良時代の僧・行基がつけたものといわれ、自作の老婆像を残していったという。地元の人がそれを脱衣婆《だつえば》としてまつるための姥子堂《うばこどう》を建てたという伝承が、この地には伝わっている。

他にも、千葉県長南町《ちょうなんまち》、宮城県蔵王《ざおう》町、秋田県湯沢市、青森県むつ市の恐山にも「三途の川」がある。宮城県と青森県の三途の川の近くには「賽《さい》の河原《かわら》」までであって、独特の雰囲気を感じられるようだ。

甘楽町を流れる三途の川（© Triglav）

100 東京に坂が多いのは富士山が原因だった

東京の町を散策すると、坂の多さに気づくだろう。道玄坂、宮益坂、紀尾井坂……。その数は一説には８００以上ともいわれ、あげればキリがない。なぜこんなに坂が多いのだろう？

東京の坂を形成したのは、**富士山の噴火によって堆積した火山灰**である。厳密には火山灰だけでなく、風に乗ってきた埃なども含まれる、**「関東ローム」**と呼ばれるものだ。これがなければ、東京は起伏の少ない地だったかもしれない。こうした火山灰が山の手台地などの高地を形成し、高低差が生じたのである。東京を流れる川も、高低差を生み出した要因の一つといえる。

また、幕府が江戸に移ったことで江戸の街の開発が進められ、そのときに道路としての坂が作られる。この坂は都市機能の境目としても機能し、坂の上には武家や寺社などが、坂の下には商工業を担う人々が集められたそうだ。

東京で最も急な坂といわれるのぞき坂（豊島区）。最大勾配は 23％とも。（© Yoshibe）

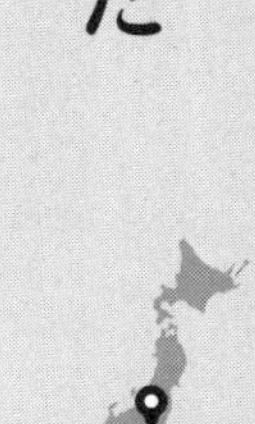

101 「死の海」東京湾は生物の宝庫だった？

東京湾には千葉県の富津《ふっつ》岬と神奈川県の観音崎を結んだ線を境に内湾と外湾があり、内湾が一般的に「東京湾」と呼ばれる範囲である。1970年前後には「死の海」と称されるほど東京湾の水質は悪化していたが、現在は下水処理場も整備され、少しずつ水質は改善している。それどころか、**外湾には花畑が広がるように色とりどりのサンゴが生息しており、ここは本当に東京かと疑うほどの美しさを見せてくれる**。

このような豊かな海が広がるのは、黒潮の影響で暖流が流れ込み、また内湾からサンゴの餌となるプランクトンが流れてくるためである。内湾で捕れる魚はスズキなどに偏っているが、外湾では遠洋からキビナゴ、ブリ、ジンベエザメなどが集まってくる。水深約1000メートルにもなる東京海底谷では、マンボウやアカグツ、メガマウスなどの深海魚も見られるそうだ。

観音崎から約6km離れた対岸の富津岬。写真右が東京湾外湾とされる。浦賀水道の範囲でもある。

102 わずか1週間で大きさが2倍になった島がある

２０１３年11月、日本列島の南東に新しい島が誕生したというニュースを覚えているだろうか？　**小笠原諸島に属する西之島付近の火山活動によって誕生した新島**だ。

２０１３年11月20日、海底火山の噴火によって陸地が出現した。直径２００メートル程度だったが、新島は西之島を飲み込むように拡大し、**12月下旬には2倍の大きさにまで拡大した。**

その後も火山は活発化と安定化を繰り返し、２０１８年7月にも噴火が起きて島の面積は拡大。海上保安庁の観測によると、２０１８年10月5日の時点で、２０１６年10月ごろと比較して最大約３２０メートル広がっているという。

元々あった西之島も、１９７３年の海底火山の噴火によって出現した新島と一体化し大きくなった島である。そのときは約1年で火山活動が休止したというが、今回はどこまで大きくなるのだろうか。

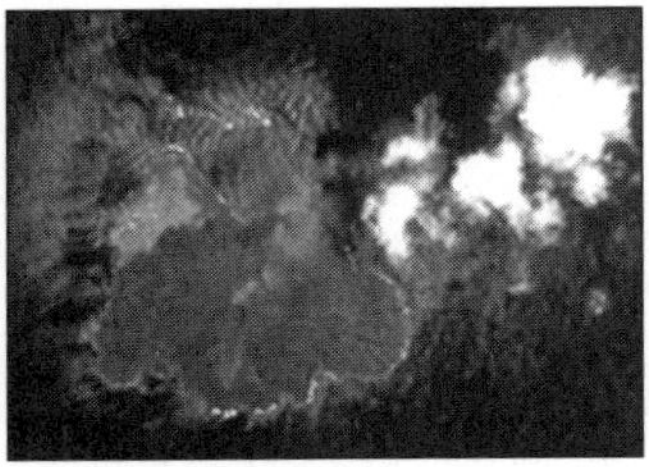

2014年7月4日撮影の新島。陸地左上の比較的色が薄い部分が元からある西之島。（画像引用：NASA衛星写真）

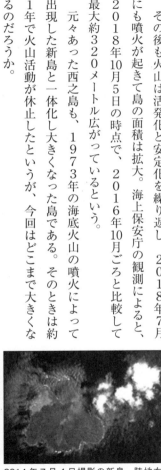

103

日本で日の出が最も早い場所はどこ？

日本は南北に伸びる弓なりな形をしているため、経度の差がやや大きく、東端と西端では日の出の時間にズレが生じる。では、最も早く日の出を見られるのはどこだろう？

国内で時差がない日本では、**東にいけばいくほど日の出は早くなる**。つまり、最も日の出が早いのは最東端の東経約154度に位置する**南鳥島**だ。また、人が定住する場所で最も早いのは、小笠原諸島の父島だとされる。しかし南鳥島や小笠原諸島など簡単に訪ねられる場所ではない。では、本土で最も東に位置するのはどこだろうか？

答えは、北海道根室市の納沙布《のさっぷ》岬である。東経

■ 初日の出の時刻（2019年）

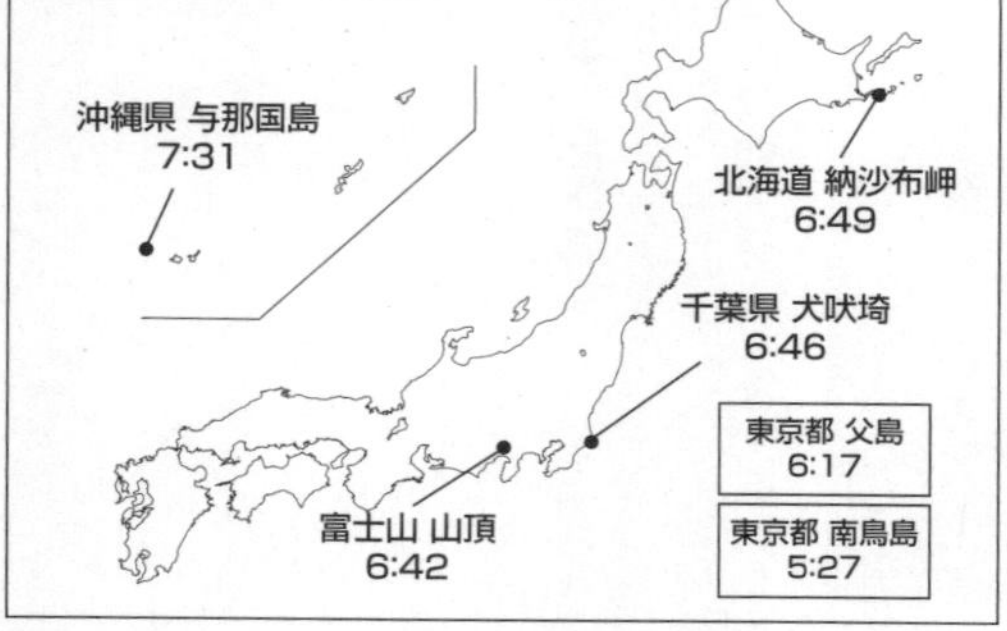

本土で最も日の出の時刻が早い犬吠埼と、最も遅い与那国島では、日の出の時刻に45分も差がある

145度に位置し、1年で最も日の出が早い夏至の頃は午前3時37分頃には太陽が昇り始めるのだ。

しかし、**初日の出を最も早く見られる場所は納沙布岬ではない**。訪れにくい離島や国内最高峰の富士山を除くと、**千葉県銚子市の犬吠埼《いぬぼうさき》**である。なぜ本土最東端にある納沙布岬ではないかというと、日の出の時間には地軸の傾きが関係しているからだ。

夏と冬では地軸の傾きが変わるため、夏は北東の方向、春分と秋分は東、冬は南東にいくほど日の出が早くなるのである。このため、夏至の頃は東京より新潟のほうが日の出が早いこともある。

とはいえ、初日の出の時間は納沙布岬と犬吠埼で3分ほどしか違わない。さらに、本土で最も初日の出が早い富士山山頂も犬吠埼より4分早い程度である。ちなみに、最も初日の出が遅いのは、最西端に位置する沖縄県与那国島で、その差は犬吠埼より50分ほど遅くなる。

千葉県犬吠埼での初日の出（2014 年元旦）

104 日本で最も暑い場所、寒い場所はどこ？

夏になると、その日のとんでもない最高気温が夕方のニュースで報道される。**2018年7月に埼玉県熊谷市で日本最高気温41・1度を観測した**ことは記憶に新しい。群馬県館林《たてばやし》市や岐阜県多治見《たじみ》市も最高気温のニュースの常連である。ヒートアイランド現象やフェーン現象の影響を受けて温かい空気が流れ込む場所は、このような高気温を記録しやすい。

一方、日本で最も寒い場所はどこだろう？　ほとんどの人が思い浮かべるだろうが、答えは北海道である。1902年1月に北海道旭川気象台で観測された**マイナス41・0度が日本の最低気温記録**だ。

また、**人が定住する場所として日本一寒いのは、北海道足寄《あしょろ》郡陸別町**である。1月の平均最低気温マイナス20・2度という記録をもっている「日本一寒い町」だ。最低気温記録もマイナス33・2度という驚きの数字を出している。しかし、この陸別町はただ寒いだけではない。盆地であるため、夏は北海道では珍しく気温が30度を超えることもあり、**一つの町の温度差が60度にもなる**のだ。

近年、陸別町は「北海道陸別町しばれ技術開発研究所」を設置し独自の気温観測を行っている。ここで用いられる観測機器は気象庁の検定を受けた非常に高度なもので、この機器による観測はアメダスのものより5度ほど低い結果が出るそうだ。

そんな過酷な環境にある北海道では、昔は家の中も外も気温が変わらず寒さに震えたようだが、近年の家づくりでは寒さ対策として様々な工夫が凝らされている。壁に断熱材を用いたり、窓を二重構造にするのはもちろん、「どのように家を暖めるか」を考えた構造になっている。家の中央部にボイラーを置き、それによって暖められた温水をパイプを通じて家中に巡らせることで家全体を暖める「セントラルヒーティング」という暖房方法が多くなっているそうだ。

ちなみに、暑い地域の住居も、近年は日差しを防ぐため庇《ひさし》をつけたり、窓ガラスに加工をするようになっている。ただ、日本の新しい住宅は昔に比べると通気性に優れているとは言いがたいため、住宅そのものを変えるのではなく、建物の屋上壁面を緑の植物で覆ったり、大きい施設だと冷却ミスト事業が広まりつつある。

日本一の記録といえば聞こえはいいが、暑すぎたり寒すぎたりすると経済的・身体的な負担が大きくなる。記録の更新は喜ぶべきか憂うべきか……。

105 沖縄はめったに快晴にならない？

青い空から照りつける太陽、陽の光に輝くエメラルドグリーンの海。沖縄をこのようにイメージする人は多いだろう。しかし、沖縄の快晴日数は全国ワースト1ということをご存知だろうか？

気象用語としての快晴は、**雲量が10段階で1以下の状態**と定義される。気象庁の観測データによると、沖縄の1年間の快晴日数はたったの**9日**しかない。全国平均が28・4日で、最も多い埼玉県は58・6日もあるそうだ。沖縄のイメージにそぐわないと思われるかもしれないが、**周りを海に囲まれた環境のため、雲ができやすい**という理由がある。つまり、青空が広がっていても、雲が数片でも浮かんでいればそれは快晴とは呼べないのだ。

ただ、全国平均の年間217日を下回るものの、211日は晴天である（1981〜2010年の気象庁のデータによる平年値／「都道府県別統計とランキングで見る県民性」の「年間晴れ日数」https://todo-ran.com/t/kiji/13632より）。しかし、「台風銀座」の名が表すように、年間平均7回も台風が接近し、その影響を受けて夏場は天気が崩れることも多い。

快晴でなくとも、青い空に白い雲が映える風景もまた沖縄らしいといえるのではないだろうか。

106 亜熱帯気候なのに雪が降る場所がある？

亜熱帯気候とは、熱帯と温帯の中間にあたる気候帯のことで、積雪を観測することはまずない。しかし日本の亜熱帯気候に属しながら、積雪を観測した場所があるという。

それが、鹿児島県大隅《おおすみ》諸島に属する**屋久島**である。屋久島は緯度的には温帯気候に属しながら、海岸沿いには亜熱帯気候の動植物がみられる。ところが、屋久島の中央部は最高標高約１９３６メートルの宮之浦岳《みやのうらだけ》をはじめとする標高１５００メートル超の山々がそびえ、**山頂にかけては北海道並みの気候**である。そのため、日本では**最も南で積雪を観測することができる場所**となっているのだ。

一つの島で、亜熱帯性から亜寒帯性までの植物相が垂直に分布し、観察できるこの環境は大変貴重なものである。そこが評価され日本初の世界自然遺産に登録されたが、それによって観光客が増加、環境破壊の危機が叫ばれている。

亜熱帯気候とは思えない雪景色が広がる。

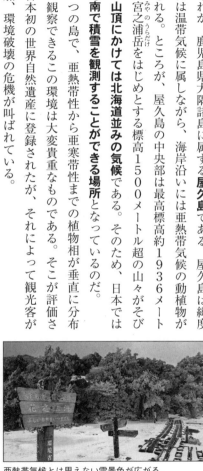

107

屋久島は「月に35日雨が降る」？

1カ月のうち35日は雨が降るなどと聞けば、1カ月は多くても31日しかないではないかと言いたくなるだろう。もちろん、本当に35日も降るわけではない。

次の文章は、1951年に発表された、林芙美子の小説『浮雲』の中の言葉である。

「はア、一ヶ月、ほとんど雨ですな。屋久島は月のうち、三十五日は雨という位でございますからね。……」

つまり、屋久島には雨が非常に多く降ることを表現しているわけだ。海からの湿った風の影響で、**山地の年間降水量は1万ミリメートルにも達する**ことがあるという。

樹齢2000年以上といわれる縄文杉（© Chris 73）

この多雨な環境は、屋久島を象徴する屋久杉の樹齢にも関わっている。屋久島に生息する杉は、一般的なものと比べて桁外れに樹齢が長い。というのも、屋久島の地質は花崗岩からなり、

樹脂が多くなり腐りにくいという特徴をもつ。

栄養が乏しいため成長が遅く、木目がしっかり詰まっている。加えて**雨が多く多湿なため、**

そのため、屋久島の杉は樹齢１０００年未満のものは「小杉」と呼ばれ、１０００年を越えてやっと「屋久杉」と呼ばれるようになるほど樹の寿命が長いのだ。

雨が多いというイメージを持たれる屋久島だが、実際は１カ月ずっと雨が降るわけではなく、２日に１回の割合だそうだ。夏は台風が来なければ降水量もさほど多くないそうだが、降るときは想像を超える量が降ることもあるので、決して侮ってはいけない。

花崗岩の上に根を張る屋久島の杉（© Σ 64）

108

冬に日本海の気候が荒くなるのはなぜ？

毎年冬になると、日本海側の地域は暗雲が垂れ込めて雷の音が鳴り響き、大雪や暴風に見舞われたり、海が荒れたりと、穏やかでない天候になることが多い。

太平洋側の気候と比べると、その違いがよくわかる。その荒れる気候を指して「日本海側気候」という名称もあるようだ。

なぜ日本海側の気候が冬に荒れるかというと、**北西からの季節風**が影響するからである。

冬になると、ユーラシア大陸にあるシベリア高気圧から、強い北寄りの風が吹く。大陸の空気が冷えているのに対し、海面の温度は冬でもそう下がらないため、ここに温度差が生じる。そのため、冬の日本海は荒れるのだ。

大雪をもたらすのも同じ季節風で、この**強い北寄りの風が、温かい海面で温められ湿った空**

荒れ狂う冬の日本海（兵庫県城崎）（© pelican）

気となり、日本の中央脊梁《せきりょう》山脈にぶつかって強制的に上昇させられる。その際に日本海側の地域に大雪を降らせるのだ。

西高東低の冬型気圧配置の傾向が強いと山沿いに雪が多くなる山雪型に、日本海付近に低気圧が発生し上空に強い寒気が入ると、平野部に雪が多くなる里雪型の天候になるという。

こうして中央脊梁山脈にぶつかった季節風は、その後「空っ風」となって太平洋側に吹き渡り晴天をもたらす。

晴れる日が多いため、寒さを感じやすいのは実は太平洋側だそうだ。

標識も埋もれそうなほど積もった雪。道路の幅も狭くなっている。（山形県嶋地区）（© misawakatsutoshi）

109 日本の半分は豪雪地帯に指定されている

豪雪地帯と聞くと、東北や北海道など、限られた地域をイメージする人が多いかもしれない。しかし実際には、法律で豪雪地帯に指定されている都道府県はなんと**24道府県、面積にすると国土の約51％にあたる**。

そもそも豪雪地帯とは、冬に大量の積雪がある地域のことを指す。そのため都道府県全域でなくとも、積雪が多ければその地域は豪雪指定を受けるのだ。

北海道や青森県、新潟県、石川県など1道9県は全域が豪雪地帯に指定され、福島県や静岡県、京都府、広島県など1府13県は、一部地域が指定されている。

指定されているのは、１５６ページで述べた日本海側の地域が多い。約半数が豪雪地帯とは、南北に細長い日本ならではの特徴といえるだろう。

北海道地方から中国地方にわたって、豪雪地帯に指定された地域が存在する。

110 近代以前はどのように天気を予測したのか？

どんなに忙しい朝でも、天気予報だけはチェックするという人は少なくないだろう。現在は気象予報学が発達し、人工衛星の情報やコンピュータを用いたデータ観測で高度な予測ができるようになった。では、こうした技術が発達する前はどのように予測を行っていたのだろうか？

古代ギリシャや古代中国では、四大元素説や陰陽説にもとづく気象の解説を行っていた。だが、あくまで**経験的観測にもとづいた観天望気**で、「夕焼けの次の日は晴れ」などのいわゆる天気占いである。科学的予報が行われるようになったのは17世紀のヨーロッパで、気圧計による風の観測が行われた。それ以降、計器を用いた近代天気予報が発達し、19世紀に入るとイギリスが世界で初めて国家の気象庁を設置し、世界にも順次置かれていった。

では日本ではどうか。江戸時代以前は農業のための農事暦が存在する程度だったが、1820年代以降、長崎のオランダ人や幕府の天文方などによって気象観測が行われ、幕末には気象学の本が翻訳されていた。そして1872年に函館で初めて公式に気象観測が行われ、1875年には東京気象台が誕生。天気予報の基礎が固まることになったのである。

111 平安時代は現在よりも気温が高かった？

近頃は、毎年記録的な猛暑を観測し、地球温暖化の影響を実感する。ここ100年で気温がどんどん上昇しているともいわれており、それでは昔はさぞ涼しかったのだろうと考えてしまう。ところが、**平安時代は現在と同じくらいか、もしくはもっと気温が高かった**と考えられている。

8世紀中頃から9世紀末まで、日本はかなり温暖な気候だったことがわかっている。干ばつが多かったという当時の記録だけでなく、屋久杉の年輪や若狭湾の堆積物など自然物の調査結果がその根拠となる。**最も気温が高い時期では、現在よりも通年の平均気温が約2度高かった**そうだ。

とはいえ、現在のような暑さを当時の人々は感じていなかっただろう。平安時代にはアスファルトも高層ビルもクーラーも存在しない。地面からの照り返しは少なく、海からの風もより内陸まで通っただろう。体感温度は現在よりも低かったはずである。

では、昔も涼しくなんてなかったのかと思うかもしれないが、現在に引けをとらない異常気象をもたらした寒冷期が、この後訪れるのである。

112 江戸時代は夏の終わりに雪が降る小氷河期だった

前述のとおり、8世紀から9世紀末にかけて、日本は温暖な気候だったと考えられている。その後は寒冷期と温暖期を繰り返していたが、江戸時代に入る少し前、16世紀後半からは変化が生じている。気温は下がりに下がり、**17世紀は氷河期が終わって以降、過去最低になった**とされているのだ。現在と比較すると通年の平均気温は約5度も低い。体感温度はさらに低くなるだろう。

江戸の4大飢饉といわれる寛永、享保、天明、天保の飢饉と、それに準ずる元禄の飢饉は、すべて東北地方を中心とする冷害によるとされている（享保の飢饉は虫害が主な原因で、被害は西日本が中心）。天保の飢饉のときなどは、稲刈りの時期に雪が降ったという記録もあり、江戸時代を通じて小氷河期と呼ばれる寒冷期だったそうだ。

この小氷河期も、江戸時代が終わると共に収束していき、再び温暖期に差し掛かっている。氷河期以降、地球は数百年単位のサイクルで温暖期と寒冷期をくり返しているというが、近年の暑さはやはり、それだけでは説明ができない要因もあるのだろう。

113 富士山を見ることができる最も遠い場所はどこ？

「富士見」という地名がある。全国各地に存在し、富士山あるいはその地域の郷土富士を見ることができる場所という意味があるようだ。そのため、関東や中部地方に多いが、実際に富士山を見ることができるかというと、現在は高層ビルなどの建築によって見ることができない場所が多い。

では、現在最も遠くから富士山を見ることができる場所はどこだろうか？　それは、**富士山からの距離約３２２・９キロメートルに位置する和歌山県那智勝浦町の色川《いろかわ》小麦《こむぎ》峠（色川富士見峠）**である。２００１年９月に撮影され、それまで同町の妙法山富士見台（３２２・６キロメートル）が最遠だったがその記録をのばした。

ちなみに、２０１９年１月現在、北で最も遠くに見えるのは、福島県の花塚山（川俣町・飯舘村）で、富士山との距離は約３０８キロメートルである。ただ、いずれの地でも空気の澄んだときしか見られないため、相当の運が必要だ。

114 白神山地に原生ブナ林が残った意外なワケ

白神山地《しらかみさんち》は、鹿児島県の屋久島とともに、日本で初めて世界自然遺産に登録された山地である。「人の影響をほとんど受けていない原生的なブナ天然林が世界最大級の規模で分布」していることが特徴で、現在もほぼ完全に立入禁止の核心地域が設けられている。

白神山地の原生林は８０００年前にはすでに存在していたと考えられている。なぜこんなに長い間、人の手が入らなかったのかというと、ブナの木は、**特に使い道がなかったから**だそうだ。ブナは腐りやすいうえに加工後に曲がって狂いやすく、薬品処理や合板の技術ができるまでは、薪にするか、しいたけの培養に使う以外の用途がなかった。そのため、**ブナ林は登山道を作る以外に手を加えられることなく、今に至る**のである。そのおかげで世界遺産に登録されたのだから、ブナに使い道がなくてよかったのかもしれない。

原生ブナ林が残る白神山地（© らんで）

115

『日本書紀』にも記される石油の産地はどこ?

日本は資源の少ない国であるが、まったく採れないわけではない。そんな資源の一つに石油がある。日本には、日本最古の歴史書『日本書紀』にも記された原油産出地があるのだ。

それが、**新潟県胎内《たいない》市の旧黒川村**である。『日本書紀』には、天智天皇の時世、668年に**「越の国、燃ゆる土燃ゆる水を献ず」**とある。「燃ゆる水」は原油、「燃ゆる土」は天然アスファルトを指すと考えられる。この原油は黒川村から産出したものとされており、日本国内の史料で石油が現れたのはこれが最初である。江戸時代頃には「燃水」ではなく「臭水《くそうず》」と呼ばれていたという。

黒川村という地名は黒々とした原油が流れるさまからつけられたともいわれ、現地では現在も「燃ゆる水」にちなんだ「燃水祭」が毎年7月1日に開催される。昔ながらの方法で採取した原油を清めたのち、天智天皇が祀られる近江神宮に運ばれ当時のように献上されるそうだ。

原油が湧き出す「油壺」

116 日本一標高の高い鍾乳洞はかつて海の底だった

鍾乳洞《しょうにゅうどう》は、石灰岩で形成される地質が、雨水など地下水によって浸食されてできる洞窟である。石灰分を含んだ水が滴《したた》ることで生じる鍾乳石や石筍《せきじゅん》がある場合、鍾乳洞と呼ばれる。

日本に約80カ所ある鍾乳洞の中で、**標高約９００メートル**という最も標高の高い場所にあるのが、**岐阜県の飛騨大鍾乳洞**だ。この日本一高い位置にある鍾乳洞は、大昔は海の底だった。鍾乳洞内でウミユリやフズリナなどの化石が発見されており、２億５０００万年前には海底にあったことが確認されている。地殻変動によって陸地になり、鍾乳洞が形成されたのだ。

飛騨大鍾乳洞内で観光できる範囲は約８００メートルに及ぶ。ここではヘリクタイトやストローといった珍しい形の鍾乳石を見ることもできる。入ってすぐにある「竜宮の夜景」が一番の見どころだ。

第１洞内「竜宮の夜景」。洞内の通路は大部分が整備されている。（© inazakira）

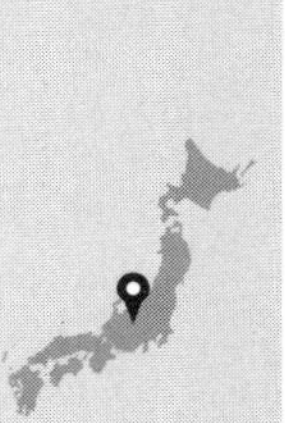

117 「落ちたら死ぬ」という国道がある

国道というと、きちんと舗装された道というイメージがあるだろう。しかし、そんなイメージを覆すような「酷道《こくどう》」と称される道が日本には多く存在する。

そのうちの一つが、**石川県金沢市と岐阜県岐阜市を結ぶ国道157号**である。特に危険なのが、福井県大野市と岐阜県本巣《もとす》市根尾の間にある温見《ぬくみ》峠の道だ。小さなカーブが連続する見晴らしの悪さに加え、道路幅は車両が離合困難なほど狭く、すぐ傍に崖があるにもかかわらずガードレールがない。

岐阜県側のゲート付近にある看板。「落ちたら死ぬ」（画像提供：『酷道を走る』鹿取茂雄／彩図社より）

さらにこの辺り一帯は豪雪地帯にあたるため、冬季は通行止めとなる区間だ。岐阜県側の能郷ゲート手前は数々の注意を促す看板であふれている。その中でも特に目を引くのが、**「危険落ちたら死ぬ!!」**というストレートな看板だ。どんな看板よりも効果的な注意かもしれない。

国道だと言われてもにわかに信じにくい、まさに「酷道」である。

118

兵庫県に日本列島の形をした島がある？

兵庫県伊丹市の昆陽池《こやいけ》公園の中に、昆陽池というため池がある。野生の白鳥が放たれているだけでなく、関西屈指の渡り鳥の飛来地で、秋から冬にかけてカモなど3000羽近い野鳥が訪れる。その歴史は古く、奈良時代の僧・行基によって農業用に整備されたため池だそうだ。

この昆陽池のちょうど真ん中あたりに、**日本列島を模した人工の島**がある。いつ頃からあるのかはっきりしていないが、この昆陽池周辺を公園化した1965年頃作られたのだとされる。この人工島は「野鳥の島」とも呼ばれるように、野鳥の営巣目的で作られたらしく、そのため島に植えられた木々はきちんとした日本列島の形に整えられてはいないようだ。

ちなみに、近くの**伊丹空港（大阪国際空港）から離陸すると、上空からこの日本列島の全貌を見ることができる。**伊丹空港を使う機会があれば、このミニ日本列島を堪能してはいかがだろうか。

昆陽池内に浮かぶ日本列島
（画像提供：国土地理院、2012 年撮影）

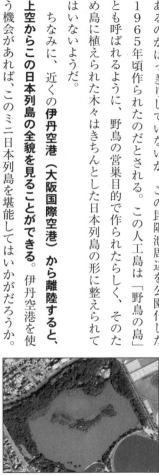

119 周りを川に囲まれた珍しい形の集落がある

その集落を一望すると、まるで何かの儀式のために作られたのではないかと疑ってしまいそうな珍しい形をしていることがわかる。三重県熊野市紀和町《きわちょう》の**木津呂**《きづろ》という集落だ。

和歌山県との県境にある**北山川が蛇行して流れ、それにより作られた円形の集落**は、風水でいう**龍穴**というパワースポットだといわれている。テレビや雑誌でも、珍しい光景としてたびたび紹介されている。

ただこの集落の全景を見るには、和歌山県新宮《しんぐう》市の嶋津から険しい山を登る必要がある。また、到着するまでに私有地が含まれており、個人で登山をするのはハードルが高いため、登山希望者は嶋津観光協会のガイドを利用するようにしよう。どうしても自分の力で景色を見たいという方は、事前にどのような経路が利用できるか、どのような装備が必要かを確認し、入念に準備をしてほしい。

パワースポットとしても名高い木津呂。和歌山県の嶋津から一望できる。（画像提供：嶋津観光協会ブログ）

120
日本最大の砂丘は鳥取砂丘ではなかった

日本で最も有名な砂丘といえば、県知事の「スタバはないがスナバはある」発言で話題になった、鳥取砂丘だろう。しかし、鳥取砂丘を上回る面積の、日本で最も大きい砂丘が他にあったのだ。**青森県東通村《ひがしどおりむら》にある猿ヶ森砂丘こそが、日本最大の砂丘**である。面積は**鳥取砂丘（約５・４５平方キロメートル）の約30倍**だという。そんな砂丘がなぜあまり有名ではないかというと、そこは**防衛省が定める弾道試験地であり一般人が立ち入ることはできない**からだ。鳥取砂丘は、「観光できる」日本最大の砂丘という肩書きになる。

　砂丘とは、風によって運搬された砂が堆積して丘などの地形を作ったものである。鳥取砂丘では雨も雪も多く降るため、砂漠とは気候が異なる。風によって描かれる砂紋を楽しむこともできるが、少し放っておくと雑草が生えてきて、砂丘が緑化してしまう問題もあるそうだ。

青森県の猿ヶ森砂丘（別名下北砂丘）。幅は約１～２km、全長約 17km に及ぶ。（© MChew）

121 世界の銀の3分の1が日本から産出していた

16世紀後半の、戦国時代から江戸時代へ移り変わる頃、日本は世界屈指の銀産出国だった。国内で貨幣として用いられるだけでなく、明、マカオ、ポルトガル、オランダなどとの間で、国産の銀を媒介とした貿易が行われた。

その銀の中でも、世界遺産にも登録された石見銀山から産出する銀は、江戸時代初期に石見銀山が「佐摩《さま》銀山」と呼ばれたことにちなんで**「ソーマ銀」**と呼ばれ、一つの銘柄として取引されたという。**当時世界に流通する銀の約3分の1は日本のもので、その日本の銀のほとんどが、石見銀山から採掘されたものだった。**

観光客が立ち入れる坑道の一つ、龍源寺間歩の入り口（© Yama 1009）

石見銀山では、銀を採掘する最終段階の精錬として灰吹法《はいふきほう》を用いていた。これは一説によると7世紀頃から存在したといわれる、石見銀山独自の技法である。この技法により石見銀山では大量の銀を産出することに成功し、その技は日本各地の金銀山に伝えられた。国内における鉱山採掘の先駆けともいえる技術をもっていたのである。

石見銀山から採れる銀は東アジアに輸出され、次第にヨーロッパでも有名になった。16世紀末にヨーロッパでルイス・ティセラによって作成された日本地図に、「Hivami（石見）」「Argenti fodinae（銀鉱山）」とラテン語で記されている。この他にもヨーロッパで作成された複数の地図に石見の地名が記されており、当時の主要土地として海外で認知されていたことがわかるだろう。

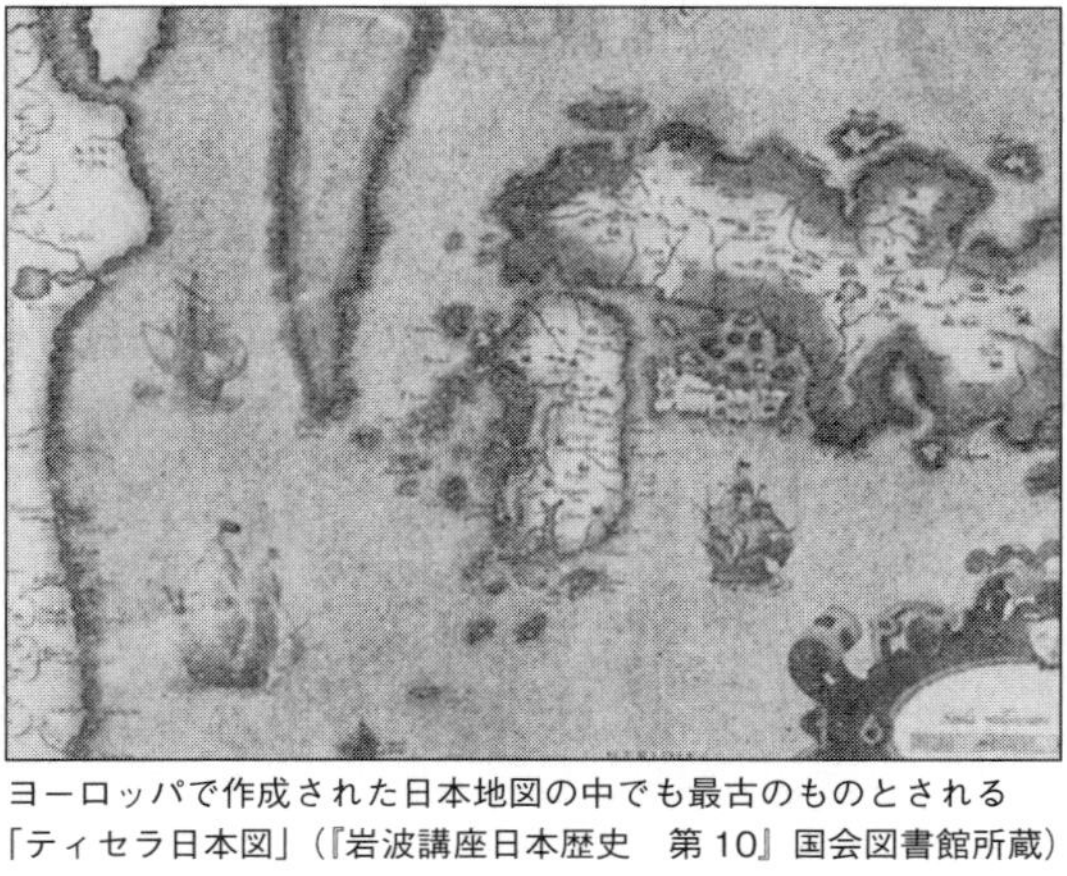

ヨーロッパで作成された日本地図の中でも最古のものとされる
「ティセラ日本図」（『岩波講座日本歴史　第10』国会図書館所蔵）

122

1年に数日だけ浮かび上がる幻の島がある

限られた時と場所でのみ見ることができる幻の島。漫画やゲームの中だけでなく、実際ここ日本に存在する。それが沖縄県宮古島の北方に見られる**八重干瀬**《やびじ》である。普段の潮の満ち引きでは現れず、**毎年4月初旬に数日間だけその姿を現す**そうだ。

この島の正体は、南北約17キロメートル、東西約6・5キロメートルにわたる**巨大なサンゴ礁**である。普段は海面下にあり、総面積は宮古島の3分の1にもなるという。春先に浮上するのは、大潮や周辺の気圧が関係していると考えられる。

八重干瀬。それぞれの干瀬に現地の言葉での名前があり、写真左下、長方形の干瀬は「カナマラ（頭の意）」という。（© Paipateroma）

八重干瀬という名前の由来は、大きく八つの干瀬があるからともいわれるが、諸説あるようだ。八重干瀬が現れる旧暦の3月3日頃にはサニツ（浜下り）と呼ばれる行事が伝統的に行われ、近年は八重干瀬まつりと銘打ったイベントも開催されている。この時期には観光客が多く集まるという。

また、この八重干瀬はダイビングやシュノーケリングスポットとしても人気があり、夏には八重干瀬でのダイビングツアーもあるようだ。そのとき、台風の風や高波によってサンゴ礁が堆積してできる島が、運が良ければ見られるかもしれない。こちらも、日が経てば消えてしまうので「幻の島」といってもよいだろう。

現地では環境保護のため様々なルールはあるが、それさえ守れば夢のような光景を味わえること間違いなしである。

海中のサンゴ礁（© Papakuro）

123 日本列島は計測のたびにずれている

日本列島がユーラシア大陸の東に位置する島国であることは、誰もが認める事実である。しかし、日本列島はその場所から**日々少しずつ移動している**という。

数千万年前は日本列島は存在せず、ユーラシア大陸の一部だった。それがフィリピン海プレートや太平洋プレート、ユーラシアプレートの動きに引っ張られながら東へ移動して今の位置に落ち着いたと考えられている。そしてプレートの活動は今も続いており、２０１１年３月の東日本大震災で宮城県牡鹿《おしか》半島は約６メートル東へ動いたという。

このまま動けば日本列島は日本海溝に沈んでしまうのではなどと考えてしまうが、そうなるとしても数千万年も先のことなので、現代の私たちにはどうすることもできないだろう。

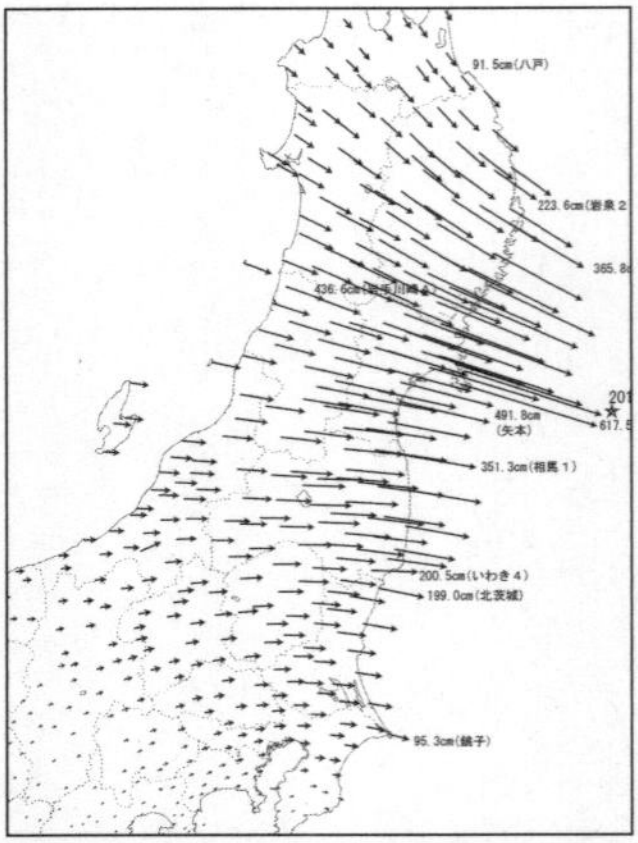

東北地方の地殻変動の計測図。矢印の方向に少しずつ水平移動している。(画像引用：国土地理院ホームページ)

124 日本の国土面積に対する世界遺産登録率は？

２０１９年1月現在、日本国内の世界遺産は文化遺産18カ所、自然遺産４カ所のあわせて22カ所ある。世界一世界遺産の登録数が多いのはイタリアで、文化遺産49カ所、自然遺産５カ所の計54カ所もある。登録数が多いのはイタリアに次いで中国、スペイン、ドイツである。

日本の国土面積については56ページでも少しふれたが、狭くはないがそう広くもない。そんな日本が、世界遺産の登録数でいうと**世界第12位**に入っているのである。**国土面積のわりに、世界遺産、特に自然遺産の数が多い**のだ。世界自然遺産の数で日本を上回る国は９カ国あるが、そのすべてが面積の広さでトップ15に入る広大な国である。

とはいえ、文化遺産と自然遺産と複合遺産をすべてあわせた数でみると、日本よりも国土面積の小さいイタリア、イギリス、ドイツの登録数がはるかに多く、登録率で上位に入るのは難しそうだ。

蠶 実擦者
四十ウイ六丁余
奥山藻炬 布
四九十アリ六丁余
名産 明礬
十ハリ三丁余
沢 宗内 物産 鉄物
千九リ卅三丁余
名産 漆器 鋳物
下
名産 石器
物産 紙 蚕 鰹
三七リ十七リ余
名産 蘘笠 石炭
浦 物産 る 海苔
雑物
山 名ル 灘
八十九リ十九丁余
吉ぬ 名産 鰯布 鰹
名産 珊瑚 海苔
府 檀 特山
下 名産 嬉石 本鉄
新山 園部
笈下 名産 海参
天の橋立
下
名産 瑠石
下
名産 銅
名産 雲母

第5章　地図で読み解く歴史の謎

125 上野公園は寺の境内だった？

春の花見シーズンになると、上野公園では1200本の桜が花を咲かせ園内を彩る。動物園や博物館、美術館、神社や著名人の銅像などもあって、大勢の人で賑わっている場所だ。

そんな上野公園は、実は徳川将軍家ゆかりの寺院・**寛永寺**《かんえいじ》の境内だった。寛永寺は3代将軍家光の時代に創建された寺院で、**将軍家の墓所**として絶大な権力を誇っていた。最盛期の寺領は上野公園の2倍はあったという。

しかし、その徳川家との繋がりが原因で寛永寺は憂き目にあうことになる。戊辰戦争で寛永寺にこもった幕府軍を倒すため、新政府軍が境内を焼き払い、伽藍《がらん》が焼失することになったのだ。さらに徳川家とのゆかりが深いとの理由で境内は新政府に没収されてしまう。その後、宮内省を経て東京市へ払い下げられたため「上野恩賜公園」が正式名称になった。

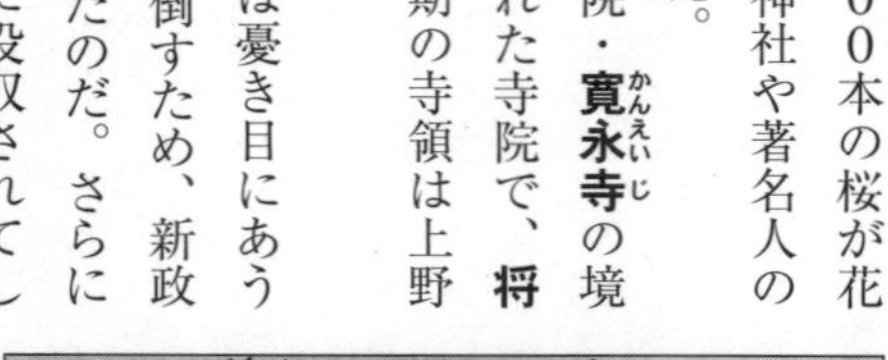

上野公園にあった寛永寺境内を描いた絵（『東都名所』「上野東叡山全図」歌川広重・画）

126

新宿御苑は天皇のゴルフ場だった？

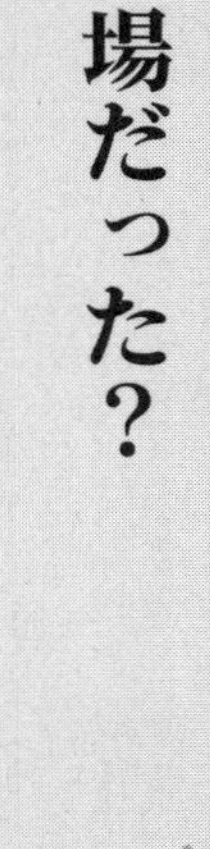

ＪＲ新宿駅南口から10分ほど歩くと緑豊かな**新宿御苑**《しんじゅくぎょえん》に到着する。日英仏の庭園様式を見ることができる国民公園だ。今でこそ誰でも自由に利用できるが、大正時代には**皇族専用のゴルフコース**があったという。

新宿は関東大震災までは発展が遅れていた（詳しくは次ページ）が、その時期に新宿御苑の前身・内藤新宿試験場が設置された。海外の植物を試験し、近代的な農業を新興することが目的の施設だ。民間への技術提供や、西洋の造園様式研究がこの地で行われた。

宮内庁の管轄になった後、庭園として整備が進み、１９０６年には現在と同じ新宿御苑という名称になった。このときできた**西洋庭園が９ホールのゴルフコースとして利用された**のである。ゴルフ好きの昭和天皇も皇太子時代に盛んに利用したようだ。

空襲によって御苑の多くが焼失したが、クラブハウスに使われていた旧御休所《ごきゅうしょ》が幸いにも戦災を免れて当時の姿を残している。国賓が招かれたこともある場所で、現在は重要文化財にも指定されている貴重な建築物だ。

127

新宿の発展は関東大震災がきっかけ

新宿という地名は、甲州道中の宿場だった内《ない》藤新宿《とうしんじゅく》に由来する。元々は徳川家康の家臣内藤氏が屋敷を構えていた土地であるため、内藤新宿には武家屋敷が多く並び、江戸内の宿場では品川に次いで栄えた。だが、明治期は多くの士族が屋敷を手放し他所へ移ったため、１００万人を超える江戸（東京）の人口は、50万人にまで減少してしまった。都心からも離れているため人が減って閑散としてしまい、銀座や日本橋などに比べると開発が進まなかった。１８８５年に鉄道が開設して物資流通の中継地点となったが、まだ都心といえるほどの規模ではなかったようだ。

そんな新宿が発展するきっかけとなったのが１９２３年に起きた**関東大震災**だ。震災によって銀座や浅草など、**都心や下町が大きな被害を受けたのに対し、新宿は被害が小さかった。**そ

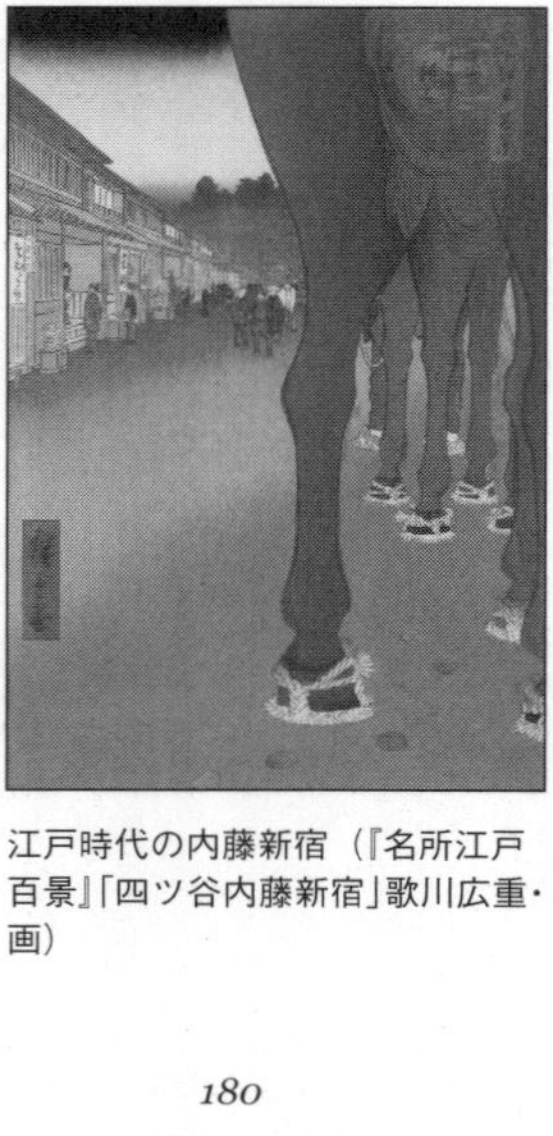

江戸時代の内藤新宿（『名所江戸百景』「四ツ谷内藤新宿」歌川広重・画）

のため、新宿が新しい商業圏として爆発的に発展することになったのだ。

新宿周辺地は震災被害者を受け入れたことで人口が増加し、道路インフラの整備を求める声が大きくなった。さらに、周辺地だけでなく、東京各地から生活必需品を求めて新宿に人が集まり、幅広い需要に応える必要が生じることになる。その結果、デパートや百貨店が建設され、大勢の人で賑わうようになったのだ。

また、**江戸時代の内藤新宿は私娼街の一面も持っていた**ため、明治期に新宿が発展したときもその性格が受け継がれた。サラリーマンや学生などが遊興を欲して夜の新宿に集まり、映画、バー、遊郭などで金を落としていったのだ。洋画を上映する映画館や、ムーラン・ルージュ新宿座のような大衆芸術場が次々にオープンし、若者の街としても賑わいを見せるようになる。こうして新宿は昼の顔と夜の顔を持つ歓楽街として拡大し、東京の中心地の一つになった。

1932年の新宿駅前の様子（国書刊行会『目でみる懐かしの停車場』より）

128 東京の多摩地域は昔、神奈川だった

田園調布や三鷹、八王子など**東京都の半分以上の面積を占める多摩地域**（北多摩、南多摩、西多摩）は1893年3月まで神奈川県に属していた。政府と対立する自由党の基盤が強い地域だ。東京府移管の話が出たときも自由党を中心に反対意見が相次いだが、政府や警視総監の後押しで法案は衆議院、貴族院で通過され、移管が実現することになった。反対派が多数を占めたにもかかわらず、なぜ政府は強引に多摩地域を移管させたのだろうか？

この地域は、東京府民にとって必要不可欠な飲料水の供給源・玉川上水があった。政府は**玉川上水の水源を確保し、衛生面を整えようとして多摩地域の移管を画策した**のである。自由党の勢力を割《さ》こうとした神奈川県知事が政府に協力したこともあって、1893年に多摩地域は東京府へ移管された。

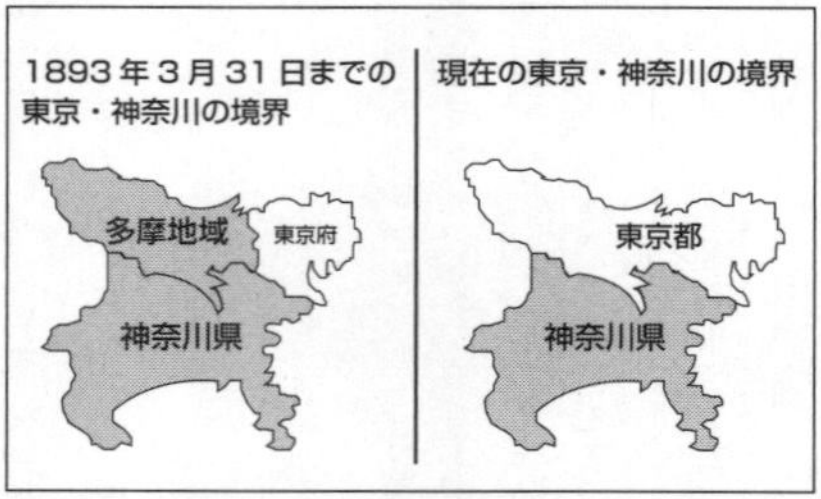

東京府の劣悪な水道衛生が原因でコレラが発生し死者が出たため、上質な水道水を確保しようと多摩地域が合併されることになった

129 江戸の城下町から地名が生まれた

江戸時代、諸藩の大名が政治の中心地として居城を整備し城下町を造ると、**城を基準にして様々な土地に名前がつけられた**。

例えば、幕府のお膝元・江戸の城下町では江戸城の敷地を表す「丸」の内側を意味することから「丸の内」、服部半蔵が警備したことから名づけられた「半蔵門」など、枚挙に遑《いとま》がない。「城地名」は何も東京だけに限らない。城北、城南など、東西南北を冠した地名は全国にあるし、西堀、東堀などの地名もよく見かける。馬の訓練場があった場所には「馬場」、上級武士が住んでいた場所は「殿町」など、時代を反映した地名が各地で生まれたのである。

武家町と共に城下町を形成した商人の町や寺町などから生まれた地名も多い。城下町では同業者が同じ区域に住むことが多かったため、呉服町、塩屋町、米屋町などが生まれた。

寺社関係では、「寺前」をはじめ、神社の周辺にあったことを表す「宮坂」、神社の領地を意味する神田から転じた「亀田」などの地名がある。城下町形成前からこうした地名はあったようだが、新しく誕生した寺社町でも、その土地柄を表す呼び名として定着していったようだ。

130 埋立地だらけの東京23区

古くから、農地開拓や港湾整備を目的に湿地帯や海岸の埋め立て工事が行われてきた。建設技術も発展した現在、全国に数え切れないほどの埋立地が造られたが、東京もその例外ではない。特に、幕府が置かれた江戸時代には、大規模な埋め立て事業が増えていった。

例えば、**江戸城周辺の下町はすべて埋立地**である。現在の千代田区をはじめ、中央区、港区、品川区、江戸川区などの東京湾周辺の10区は江戸時代から明治時代にかけて埋め立てられた新しい土地であるため地盤が弱い。そのため関東大震災でも大きな損害を被ってしまった。

もちろん、首都機能に支障をきたすわけにはいかないため東京湾周辺の自治体の多くは地盤強化対策を実施している。

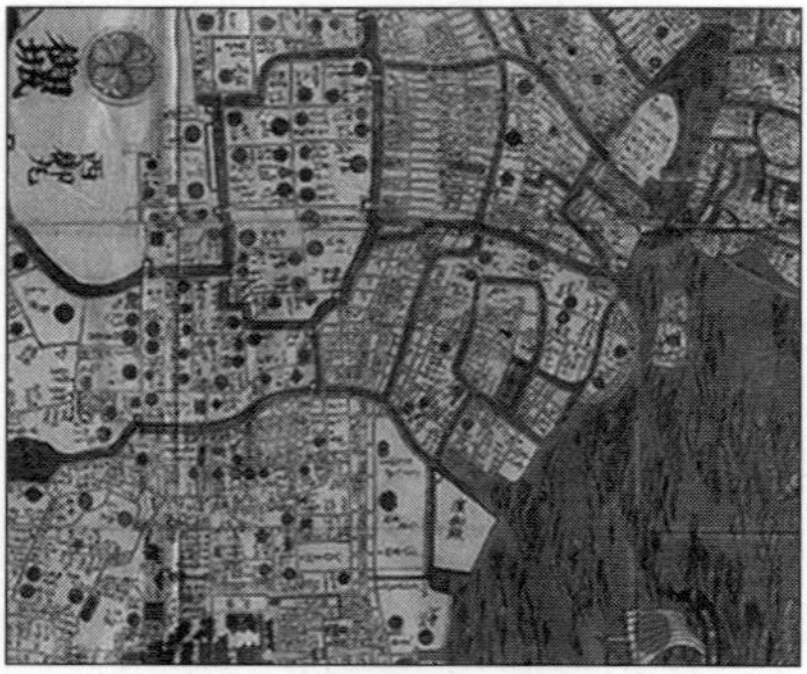

江戸時代の城下町。葵の紋が描かれた江戸城のすぐ近くに海（右下）があることがわかる。

131 奈良の大仏造立が原因で平城京は廃れた？

　奈良の大仏造立に使われた金メッキ中の**水銀**が原因で、平城京は水銀中毒に陥り遷都を余儀なくされた――。1980年代後半に、大仏造立に使われた水銀が蒸発して大気が汚染され、それが原因で平城京遷都が行われたとする説が提唱されて話題を呼んだ。水銀中毒になると臓器や神経などが正常に機能しなくなり、運動障害が起こる可能性がある。東大寺の記録にも、**大仏造立のために大量の水銀が使われた**ことが記されているため科学的な裏づけが待たれていた。

　しかし、東京大学や奈良文化財研究所などによる調査で、**土壌に水銀汚染がなかった**ことが明らかになった。大仏造立時は水銀の量が増えたが、現在の環境水準の60分の1の値しか検出されなかったという。作業員に何らかの被害があった可能性はあるが、調査結果からは水銀汚染が遷都の決め手になったとはいえないだろう。

東大寺の盧舎那仏。戦渦に巻き込まれ焼失したが、台座や衣など一部に奈良時代に造られた部分を残している。（© Mauro.stringo）

132 奈良時代の道路は高速道路並みの規模だった

鎌倉時代中頃、旅人は野山や河川、ときには潮が引いた海を越え、目的地まで道なき道をかき分け進んでいったという。旅行中、電車やバスの本数の少なさに嫌気が差すことがあるが、そんな現在とは比べものにならないほど鎌倉時代の交通インフラは未熟だったのである。

それなら鎌倉時代以前はもっとひどい交通事情だったと思うかもしれない。しかし、奈良時代から平安時代初期にかけて、**全国には高速道路2車線分にあたる幅約12メートルの直線道路**が敷設されていた。都周辺にいたっては幅40メートルを超える道路もあったという。そんなとんでもない道路があったのに、なぜ鎌倉時代の人々は危険な野道をわざわざ利用したのだろう？

この道路は**駅路**と呼ばれていた。一定間隔で馬や宿の提供所が置かれ、海道沿いには船も用意されていたという。中央集権化を目指した律令政府が、都と地方を結ぶ駅路を敷設することで、**情報伝達や軍隊の派遣**を迅速化すると共に、権力を誇示しようとしたのだ。ただ、都と地方を最短距離で結ぶ直線道路だったため、利便性が無視され実用性に欠けていた。その上、維持コストも高かったため、鎌倉時代には廃れてしまったようだ。

133
五重塔の耐震性は高層ビルより優れている

京都駅南にある東寺や奈良公園に隣接する興福寺へ行くと、国宝に指定された50メートル超の五重塔を見ることができる。間近で見るとその高さには驚いてしまうが、実は耐震技術のレベルも驚くほど高く、**高層ビルよりも優れている**という。一体どのような仕組みなのだろうか？

仏教の塔は仏陀の遺骨を納める目的で造られるため、居住スペースが必要なく、内部を多くの構造物で支えることができる。また、五つの独立した層が地面から伸びる**心柱**に貫かれながら積み重なった構造をしており、この構造が振動で各層がバラバラになるのを防ぐ役割を果たしているのだ。しかし、五重塔の耐震性にはわかっていない点も多く、心柱がなくても耐震性は大きく変わらないと考える研究者もいるほど謎が多い。

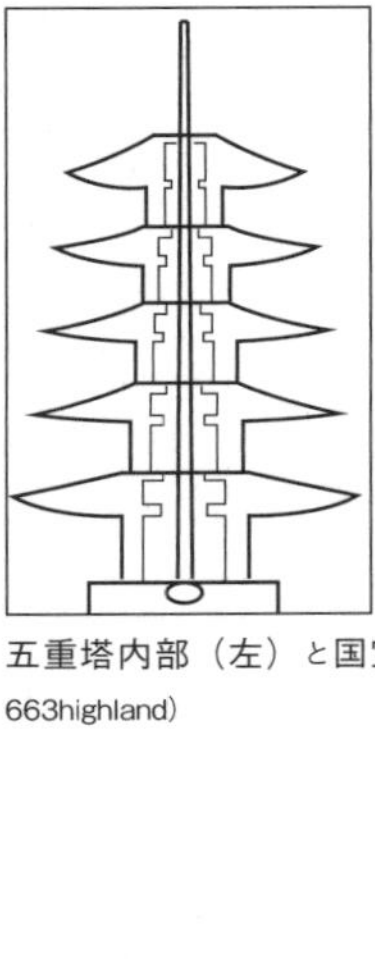

五重塔内部（左）と国宝の興福寺五重塔（右／©663highland）

134 平安京の西側は人が住める場所ではなかった

京都市の原型となった平安京は、唐の長安を模範に造られた計画都市だ。君子は太陽を背に座すべきとの考えから天皇御所は南向きに造られ、そこから見た東側を左京、西側を右京と区別していた。碁盤の目状に整備された都市であるため、場所ごとに大きな違いはないはずだが、**右京は早くから人口が減少していた**という記録が残っている。実はこの人口減少は偶然ではなく、都が置かれた地形が大きく関係しているのだ。

平安京は直線道路の組み合わせによって画一的に整備されているが、**都市全体が平面ではなく緩やかな傾斜にある。東と北にいくほど傾斜が高くなる**ため、西側に位置する右京は水が流れ着いて沼や池ができやすい。しかも右京を流れる桂川の影響もあって湿潤な状態にもなりやすい。平安京完成時は桂

嵐山を流れる桂川の様子。鴨川と並ぶ暴れ川として氾濫を繰り返し、古くから人々を悩ませた。

川周辺も区画整備されたようだが、９世紀の終わり頃から洪水が増えたため、次第に湿地帯が広がり住居環境として適さなくなっていったと考えられているのだ。

発掘調査によって平安時代前期の井戸や溝などの遺構が見つかっていることから、ある程度は人が住んでいたと考えられる。しかし、**京内で禁止されていた農地利用がされていた**ことからもわかるように決して住みやすい場所ではなかったようだ。

10世紀の学者慶滋保胤《よししげのやすたね》が記した随筆『池亭記《ちていき》』には、右京の衰退は人の罪ではなく天の意志だと記されている。同時代人から見てもすでに右京は衰退したものとみなされていたようだ。

だが、時代が下って17世紀になると転機が訪れた。京都の豪商角倉了以《すみのくらりょうい》が桂川を開削して大坂まで繋いだため、水運路として盛んに利用されるようになり、周辺は湊町《みなと》として発達するようになったのである。

『池亭記』で右京衰退を嘆いた慶滋保胤
（『前賢故実』菊池容斎・画）

135

京都駅が繁華街から離れているのはなぜ？

祇園や錦市場《にしきいちば》をはじめとした**河原町通《かわらまちどおり》周辺**の京都の繁華街は、古くから都の民の生活を支える場として栄えてきた。観光客だけでなく地元の人々も数多く訪れるのはそのためだ。

現在も飲食店や商業施設が建ち並ぶ京都市の中心地だが、京都の玄関口である京都駅は繁華街から南に3キロほど下った場所にあり、少し距離が離れている。利便性を考えれば駅と繁華街がもっと近いほうがいいはずだが、一体なぜ繁華街から離れた場所に京都駅は造られたのだろうか？

京都駅は1877年、近代化を急ぐ明治政府によって日本で2番目に開業された神戸―京都間の終着駅だ。明

開業時の京都駅。現在の京都駅よりもやや北に初代駅舎はあった。

治政府も当初は河原町周辺に駅を建設しようとしていたが、**用地買収に住民が激しく反対したため**思うように計画が進まなかった。繁華街周辺には既に自由に使える土地などなく、立退き以外に手はなかったが、「京の台所」が簡単に移動しては混乱が生じる。そのため、繁華街から離れた場所に駅を建てざるをえなかったのである。

居住区域は繁華街より北にあったため鉄道の利用に不便のように見えるが、東京から京都という遠距離間を結ぶ鉄道は市内に暮らす住民とは縁がなかった。住民が鉄道の恩恵を受けるようになるのは、市電や私鉄が開業し市内の交通網が整備されてからである。

現在の錦市場の様子（© Lorena a.k.a. Loretahur）

136 日本最古の庭園は世界遺産・平泉にある

日本の庭園は、仏教の影響を大きく受けている。寺院が建築物や造園に仏教経典の世界を再現しようとしたからだ。京都や奈良には多くの古刹が存在するため、庭園も仏教の世界観を反映した由緒あるものが多い。

だが、現存する日本最古の庭園となると話は別だ。**現存する日本最古の浄土庭園は岩手県の世界遺産・平泉の毛越寺《もうつうじ》にある**。平泉は9世紀から12世紀にかけて繁栄した、奥州藤原氏の拠点だ。

毛越寺庭園は８５０年に**極楽浄土を再現するため**日本最古の庭園書を基に建設された。火事で伽藍が焼失したが、庭園自体は平安時代の遺構がほぼ完全な状態で保存されている。

浄土庭園は広大に広がる池が特徴的だ。池に映る阿弥陀堂の姿は、平泉の統治者・藤原氏にも浄土世界を思い起こさせたのだろう。焼失した伽藍は藤原氏が再建し、さらなる華麗さをそなえたという。奥州藤原氏は源頼朝によって滅ぼされてしまうが、彼らが整備した浄土庭園は、現在でも健在である。

137 長野にある国宝・善光寺が無宗派なのはなぜ？

長野県にある善光寺は、奈良時代初期頃にはすでに存在していたといわれる由緒ある寺院である。6年（数え年で7年）に1度、秘仏の代わりである前立本尊を大勧進から本堂に遷す「前立本尊御開帳」が盛大に催されることでも有名だ。

仏教といえば浄土真宗や真言宗など、宗派に分かれているイメージがあるかもしれないが、**善光寺には宗派がない**。**宗派分化以前に成立した無宗派の寺院**なのだ。

ただし、無宗派の寺院といっても、他の宗派と無関係だというわけではない。実際、**天台宗の大勧進**と**浄土宗の大本願**という二つの寺院を中心に、天台・浄土両宗の堂社が山内にあって善光寺の護持、運営をしている。

二つの宗派の寺院があるのになぜ無宗派なのかと疑問に思った人もいるかもしれないが、ここでいう「無宗派」とは、どんな宗派も垣根なく受け入れるという意味を表している。過去には他宗の寺院もあったというし、浄土宗の寺院・大勧進は大寺院には珍しい尼寺である。宗派や男女の区別をしない珍しい寺院であるため、「無宗派」だといえるのだ。

138 鎌倉大仏は誰がつくったのかわかっていない

首都圏内の観光地として人気のある鎌倉の中でも、長谷の**鎌倉大仏**は知名度が高く多くの観光客が集まる。奈良の大仏とは種類も造仏様式も異なるため見た目はまったく違うが、共に国宝指定の、日本を代表する仏像だ。

しかし、日本を代表するはずの鎌倉大仏は不明瞭な点がかなり多い。まず、**誰がつくったのかがわかっていない**。鎌倉幕府の歴史書『吾妻鏡《あづまかがみ》』には北条泰時《ほうじょうやすとき》の時代に浄光《じょうこう》という僧侶が大仏造立のため寄付を募ったと記されているが、この浄光がどのような人物なのか記録に残っていない。そのため、造立の目的や実態がよくわかっていないのが現状だ。

１２４３年に大仏は完成したが、このときの大仏は**現在の金銅製ではなく、木製**だった。金銅製の大仏は、木製大仏が完成した9年後の１２５２年につくられ始めたもので、当時は金箔で覆われていたという。この金銅製大仏も、実はなぜつくられたのかわかっていない。暴風雨で木製大仏が壊れたため新たに金銅製大仏を鋳造したとする説や、木製大仏は金銅製大仏の鋳型だったとする説があるが、正確なことは史料不足でわかっていない。わかっていないが、『吾妻鏡』に記録のある前者が定説にはなっているようだ。

１２５２年に造立された金銅製の大仏がいつ完成したのかもわかっていないが、完成当時は大仏を収める**大仏殿があった**という。だが、室町時代に台風と大津波に見舞われ倒壊したため、露座の大仏になってしまった。

歴史書に由来がはっきり記されなかったり巨大津波に襲われたりと、何かと不運に見舞われてきた鎌倉大仏だが、その造立には当代随一の仏師集団慶派《けいは》が関わっていた。猫背気味に座り瞑想する様子は宋風の写実性が反映されており、破損箇所も少ない。胎内は空洞になっていて見学することができるため、鎌倉時代の技術力を内部からも堪能できる貴重な文化遺産といえるだろう。

鎌倉にある高徳院の大仏（© Dirk Beyer）

139

富士山より高い山があった？

日本一高い山といえば誰でも富士山を思い浮かべるだろう。だが、戦前の日本には富士山を凌ぐ山が日本に存在していた。といってもそれは日本列島ではなく、当時の統治下、台湾にあった。それが**玉山**《ぎょくざん》だ。記録上では、１９００年に日本の人類学者・鳥居龍蔵が初登山を果たしたことになっている。日本統治時代は新高山《にいたかやま》と呼ばれ、標高３９５０メートルとされていたが、現在は標高**3952メートル**といわれており、富士山の３７７６メートルを上回る。日本の学校でも、富士山ではなく新高山を日本一の高い山として教えていたという。

戦後、台湾の領有権が中華民国に移ったときに名称が旧名の玉山に変更され、今では台湾一高い山として観光客を集めている。２０１４年2月には富士山との友好山提携も結ばれた。

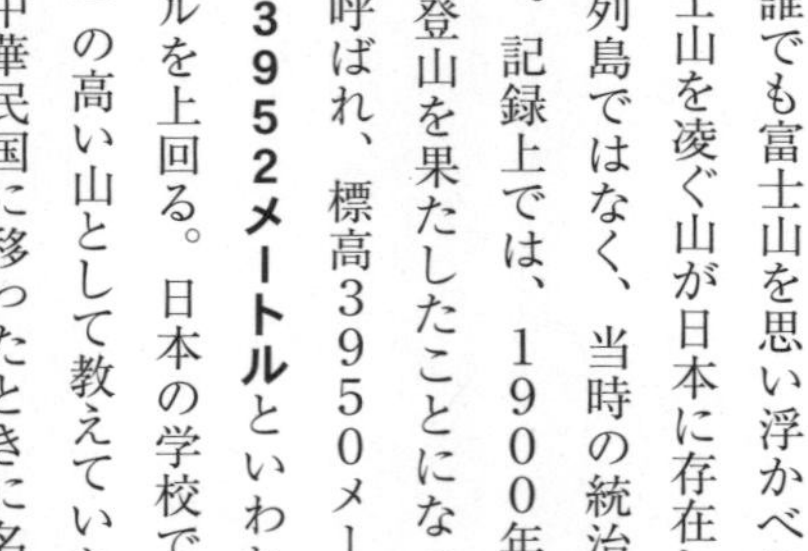

台湾最高峰の玉山。中国語では「ユイシャン」と読む。（© Kailing3）

140

江戸時代は埋立地だった大阪の梅田

ＪＲや阪急などの鉄道インフラが集中する「キタ」の**梅田**は、「ミナミ」の難波と並ぶ大阪の中心地だ。豊臣秀吉の時代から整備され江戸時代には商人の町として栄えた大阪だが、実は当時の中心地は難波で、**梅田は北の外れに位置する湿地帯であった。**

梅田は淀川と大阪湾に囲まれた土地であるため、元々農業に適さなかった。そこで、**湿地を埋め立てて田んぼとして利用する**ことになり、15世紀頃にこの地は**埋田**と呼ばれるようになったのである。田んぼができて人が増えると、18世紀中頃には埋田では縁起が悪いとして梅田の字があてられるようになった。ちなみに、この「梅」の字は、土着の神を祀る綱敷天《つなしきてん》神社や露天《つゆのてん》神社周辺にある紅梅に由来する。

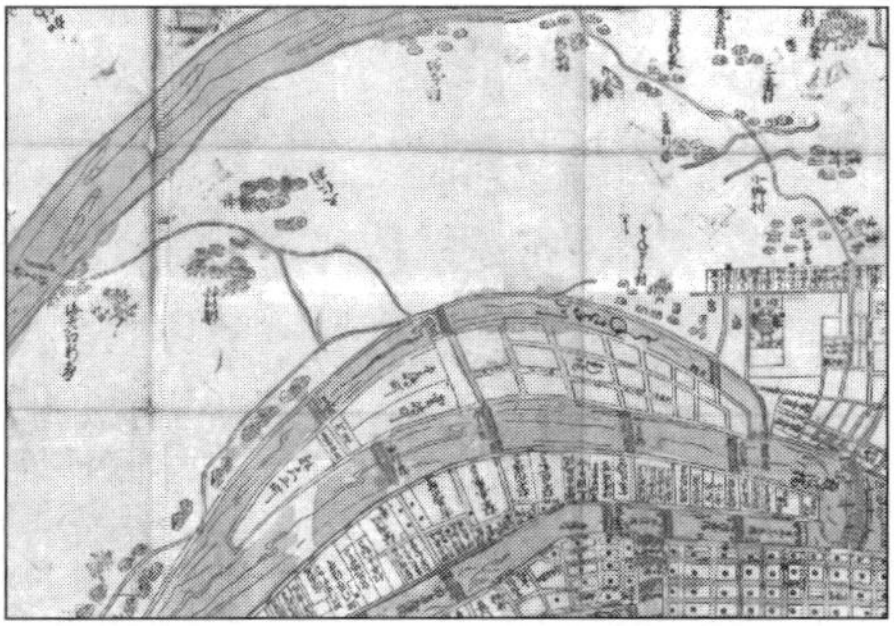

江戸時代の梅田。難波に近い南方は建物が多いのに対し、北にはほとんど何もない。（「大坂大絵図」部分　国会図書館所蔵）

141 兵庫に都が置かれたことがある？

古代日本の貴族たちは、自分たちが暮らす場所を都《みやこ》と呼んでいた。都とは、難波宮や平城京、平安京などのように**天皇と貴族が政治を行った場所**である。

鎌倉や大坂、江戸に政治中枢ができても名目上の都は京都から変更されることがなかったが、**平安京から1度だけ遷都が断行された**ことがある。それが平清盛が指示した**福原京**遷都だ。

武家の棟梁・平清盛は、後白河法皇をはじめ歴代法皇の庇護のもと台頭した人物だ。武士で初めて官位の最高位・太政大臣にまで上り詰めた清盛は、娘を天皇の后として嫁がせることで天皇家との婚姻関係を作って権力を手中に収め、栄耀栄華を極めた。だが、反発する者を武力で押さえ込む平氏の時代は長く続かず、武力衝突を重ねて次第に追い込まれることになる。

その打開策として清盛は兵庫県の福原京への遷都を断行した。**防衛に向かない平安京を離れ、平氏の拠点だった港・大輪田泊《おおわだのとまり》付近で再起を図ろうとした**のである。だが、華やかな都から急に何もない湿地帯へ遷都したことに天皇や貴族が猛反発したため、完全な遷都がなされないまま平安京へ再び遷都されることになった。

142 日本最古の地図はいつ作られた？

江戸時代中頃、伊能忠敬は16年をかけて全国を歩き回り、綿密な測量を続けて本格的な日本地図を作りあげた。本書カバーの富士山の図も伊能忠敬によって測量された地図の縮図で、伊能中図と呼ばれている。細部まで描かれていて感心してしまうが、それ以前の日本地図とはどのように違うのだろうか？

伊能忠敬以前の日本では、「**行《ぎょう》基《き》図《ず》**」が古くから使われ続けていた。現存する行基図は江戸時代に写されたものだが、最古の行基図は9世紀頃には成立していたといわれている。南北時代の百科事典「拾芥抄《しゅうがいしょう》」に収められた行基図が、印刷技術の発達によって大量に印刷され、徐々に訂正が加えられていったようだ。伊能忠敬もこの行基図を参照したといわれている。より精密な地図に取って代わられた後は、焼き物の絵柄として使用されることもあったようだ。

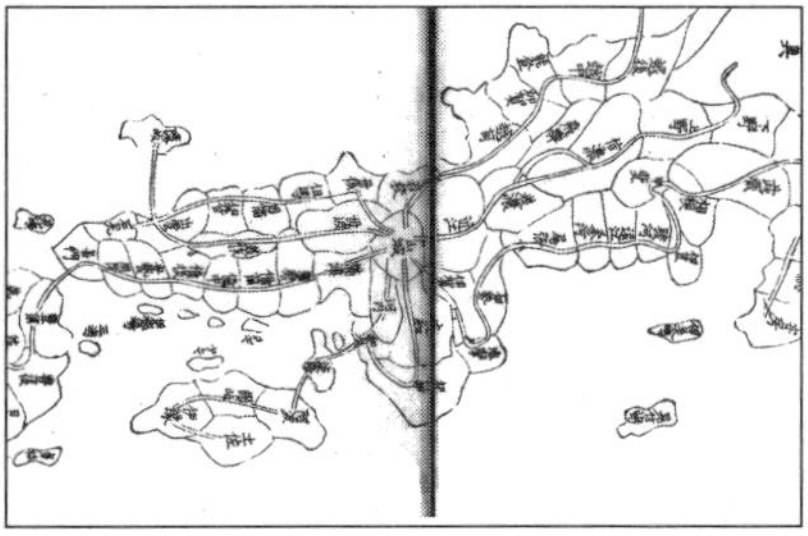

「拾芥抄」に収められた行基図。山城（奈良県）を中心に道が全国に伸びている。

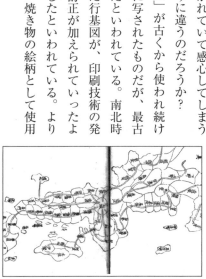

143 戦時中地図から消された島がある？

瀬戸内海には**ウサギばかりが暮らす**変わった島がある。**大久野島**《おおくのしま》という名の小さな島で、周囲は約4・3キロメートルしかない。現在でこそのどかな島だが、**戦前には地図から消され存在が隠されていた**こともある。

実は戦前、この島では秘密裏に**毒ガス兵器**が開発されていた。昭和初期に陸軍の化学工場が建設され、日中、太平洋戦争時に地元住民や学生を動員して化学兵器開発を行っていたのである。毒ガスはジュネーヴ条約で戦争使用が禁止されていたため、島は地図から消され空白地帯になった。

その存在は戦後も秘匿され続け、1984年に報道されるまでほとんど知られることがなかった。だが、島の

大久野島に生息するウサギ（© 白石准）

過去を風化させてはいけないとの地元住民の声があがり、報道から約４年後の１９８８年に大久野島毒ガス資料館が建設され毒ガス兵器の実体を伝えている。

そんな島になぜウサギが生息しているのか不思議ではないだろうか。毒ガス実験のために持ち込まれた個体が野生化したという噂もあるが、有力だといわれるのは、地元小学校で飼育されていたウサギが島に放たれ野生化したとする説だ。正確な理由はわかっていないため何ともいえないが、現在では７００羽近くのウサギが生息しているといわれており、ウサギを目あてに訪れる人も少なくないという。

化学工場跡。研究所跡や発電所跡も見ることができる。（© Wostr）

144

出島はポルトガル人のために造られた

鎖国をしていた江戸時代、唯一外国との交易が許されていた長崎の**出島**。中国人やオランダ人との商いの場だったが、本来は**ポルトガル人を管理するために造られた人工島**だった。

ポルトガルは鉄砲を日本に持ち込んだ国で、日本と交易をした西洋諸国の中では古株にあたる。織田信長の時代からの貿易パートナーとして長い付き合いがあり、取引額も大きかった。

ただ、ポルトガルはキリスト教の布教に熱心で、それが豊臣秀吉や徳川家康の不安を掻き立てた。キリスト教国による植民地化や信徒による一揆を思わせる勢いがあったからだ。しかし交易によって得られる富は捨てが

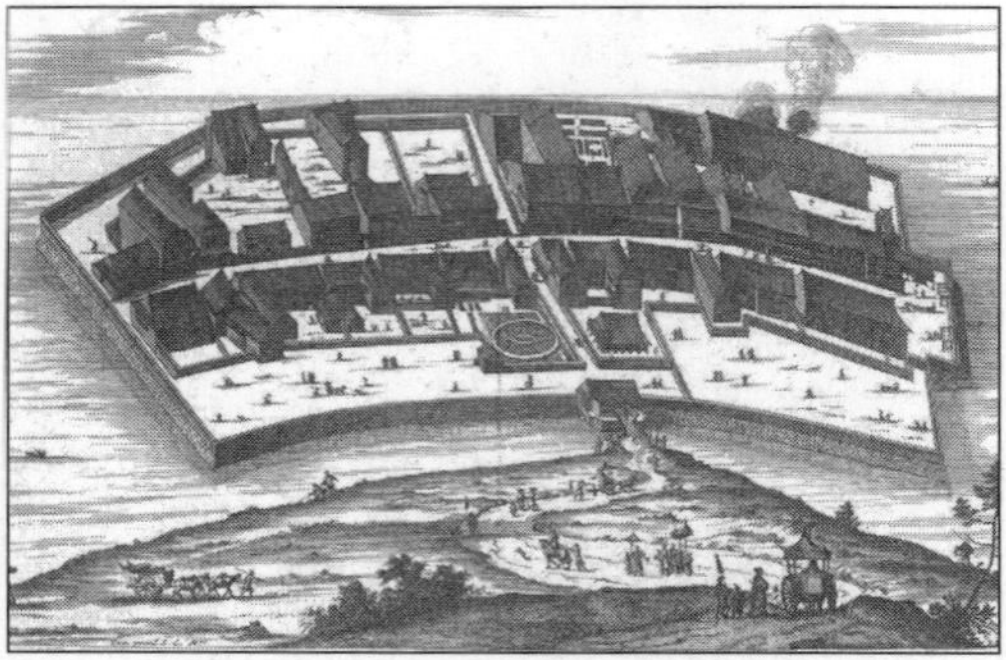

出島の全体図。出島は一般人の出入りが禁止され、オランダ人も基本的には島外に出ることができなかった。

たい。そこで、本土への教線拡大阻止と交易の促進のため幕府と長崎商人による資金で出島が建造されたのである。

こうして誕生した出島だが、ポルトガル人による利用はあまりに短かった。３代将軍徳川家光によってキリスト教布教を禁じられたことで、ポルトガルが日本から撤退することになったからだ。ポルトガル人がいなくなったことで出島は無人の島になったが、これでは出資した商人は大損害を被ってしまう。そこで、商人は平戸にあったオランダ商館を出島に移すよう幕府に要請し、１６４１年にはオランダ人居住地として認められることになったのである。

オランダとの交易によって今ではおなじみの多くの食材が日本に伝えられた。オランダ経由の品物といえばカステラが有名だが、じゃがいも、キャベツやトマトなどの野菜も実はオランダを通じて持ち込まれたものだ。

交易に訪れた南蛮人。ポルトガルは長い間アラブ人の支配下にあったため、服装もアラブの影響を受けている。

145 博多は鎌倉時代の国際都市だった

横浜や神戸は幕末の開国によって大発展を遂げた港だが、それよりもずっと昔の平安時代、港町として日本と外国を結び商業の中心地となった場所がある。それが**博多**だ。

実は、明治時代まで**博多は日本で最も栄えた貿易港**だった。朝鮮半島や中国大陸と近いため、古くから大陸の先進文化を享受できたのだ。遣唐使が廃止され大陸との公的な交流がなくなっても、博多では依然として外国人との私的な交流が続いていた。亡命僧や商人がやってきて大陸風の文化を持ち込み異国風の建物を建設したため、日本とは思えない独特の雰囲気があったという。

私的な大陸との交流といえば平清盛の日宋貿易が有名

現在の博多湾の様子（© Hideyuki KAMON）

だが、それ以前から博多の寺院や領主は大陸の宋と交易して財を成していたのである。さらに宋の商人は大陸系寺院のパトロンになったため、博多には大陸風の寺院が建立され、中央とは異なる文化を築くこともできた。

また、博多の商人や僧侶は中国語に長じており、その上大陸事情にも通じているため**貴重な人材が多かった**。武家や公家、天皇家はそうした人材を通訳や外交顧問として重用し博多での文化交流や貿易を奨励したため、国際色豊かな貿易港として長く繁栄を謳歌することができたのである。

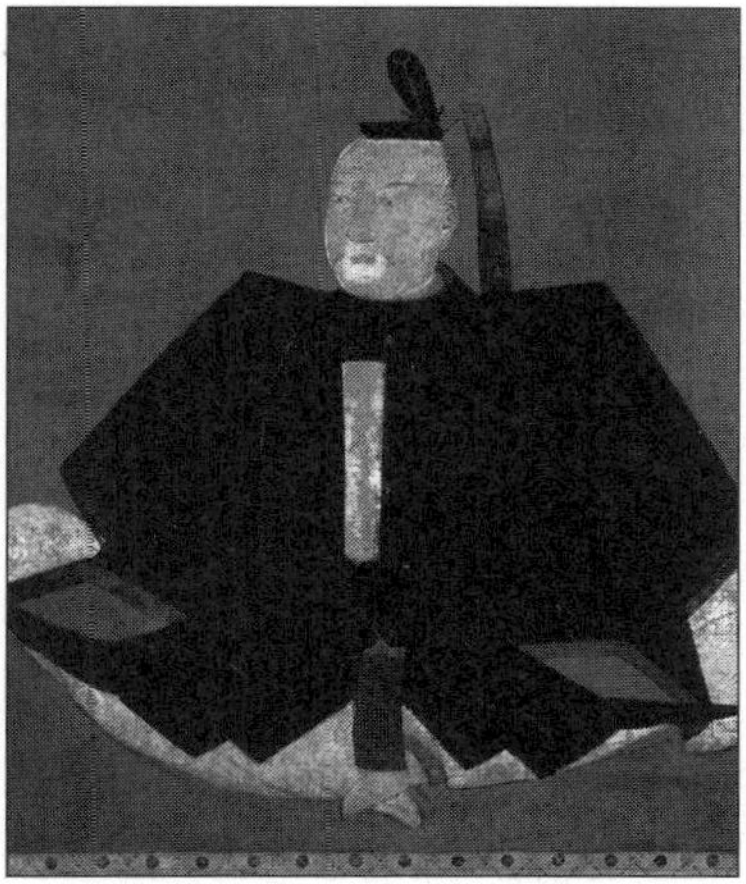

博多での交易で財を成した戦国時代の武将大内義隆。ザビエルも義隆に謁見し、西洋の珍しい文物を献上している。

146 女神が嫉妬するから女人禁制になった島

宗教的、神秘的な空間や祭りには**女人禁制**の風習が残っている場合がある。女性の山への立ち入りや祭祀への参加などを禁じる風習だ。男尊女卑だと反対する声も多いが、福岡県の北部に位置する**沖ノ島**は少し変わった理由で女人禁制を続けている。その理由は**祀られている女神が嫉妬する**からだという。このような一風変わった風習が生まれた沖ノ島とはどのような島なのだろうか？

沖ノ島には宗像大社《むなかたたいしゃ》の女神の1柱、田心姫神《たごりひめのかみ》が沖津宮に祀られており、島全体が宗像大社の社領となっている。歴史は古く、縄文時代から漁業場として利用され、4世紀後半には祭祀が行われていた。九州と朝鮮半島を結ぶ玄界灘上にあり、海上交通の要衝でもある。1954年、**8万点近い祭祀遺物が出土し、すべてが国宝に指定された**ことから「海の正倉院」とも呼ばれている。2017年には世界遺産にも登録されたため、ご存知の方も多いだろう。

だが、大量のお宝が眠る「神の島」であるにもかかわらず、その存在は長らく謎に包まれていた。厳しい掟によって神聖な空間が守られてきたからだ。以前は1年に1日、大祭がある日

に禊《みそぎ》をして体を清めた２００人の男性であれば島に入ることができたが、２０１８年からは神聖な土地を守るため、一般人の上陸を禁止するようになった。上陸可能だった時期でも島内からものを持ち出すことは禁止、動物を食べるのも禁止、さらには島内の出来事を口外することも禁止するなど、厳重な掟が徹底されていた。こうした厳しい掟が守られてきたため、発掘調査によって大量の文化財が出土したのである。

女人禁制の理由に女神の嫉妬をあげたが、女性では島まで舟をこぐのは難しいからだという説もあり正確なことはわからない。女性に限らず、一部の人を除けば辿り着けない場所であったため、神秘的な空間として大切に守られ立ち入りが厳しく制限されていたのではないだろうか。

宗像大社の神職によって10日交代で沖ノ島の沖津宮が管理されているが、一般人は立ち入ることができない。

147 沖縄にもあった幻の鉄道路線

沖縄県には電車が通っていないため、移動には車かモノレールを利用しなければいけない。アメリカからの沖縄返還後、国鉄が沖縄までの新線建設調査をしたが、採算が合わないという報告を国会に提出したため、許可が下りず鉄道は建設されなかった。

だが、実は戦前の沖縄では県営の鉄道が走っていた。名称は**沖縄県営鉄道**。この沖縄県営鉄道には県が発注した車両のほかに国鉄の車両も使われていた。民営バスに対抗するため最新鋭のガソリンカーも導入されるなど、多くの車両が使用されていたようだ。

戦中は軍事利用のため一般のダイヤは停止し、戦

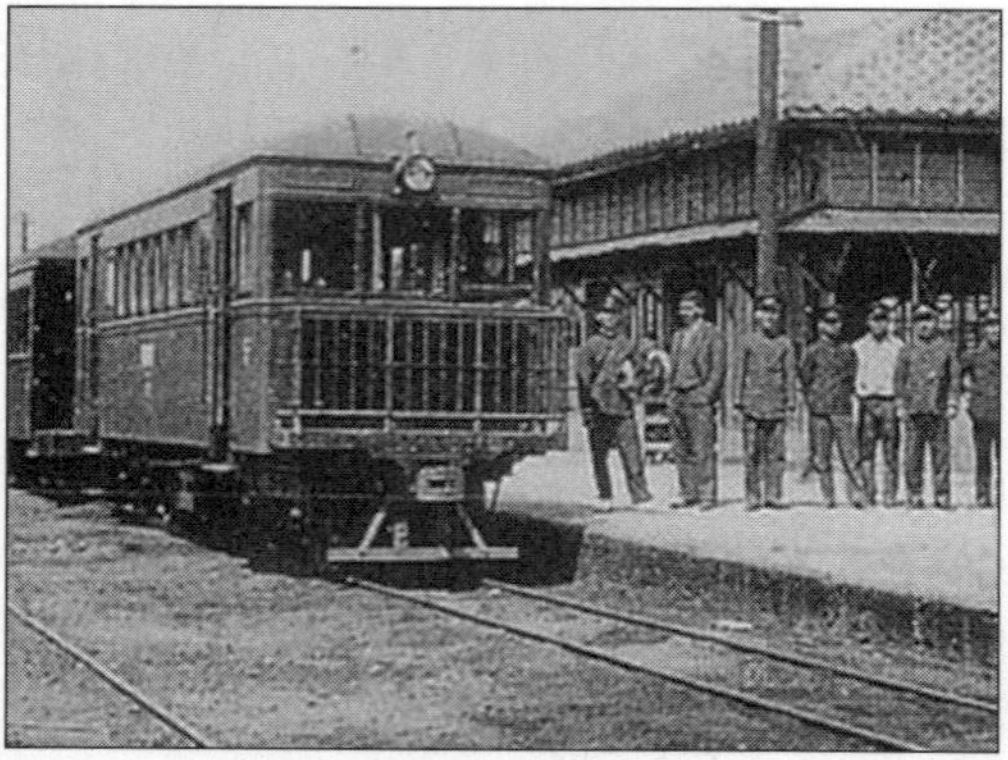

沖縄県営鉄道の嘉手納駅の様子（ボーダーインク社「図説 沖縄の鉄道」より）

後は米軍基地建設によって解体された。終戦直後に鉄道復旧計画が沖縄民政府によって立案されたが、道路建設が優先されたため実現することがなかった。

ちなみに、沖縄県営鉄道以外にもサトウキビ運搬鉄道を拡大した**沖縄人車軌道**という鉄道路線も運行していた。沖縄軌道と名前を変えて沖縄県営鉄道と共に県内の移動手段として活用されていたようだ。他の路線もあったようだが、バスに押されて次々と廃業に追い込まれ、戦争を経て残りの２社も廃線となってしまった。

那覇空港から首里城までを約30分で結ぶ沖縄モノレール（©Kaidai）

148 日本最初のトンネルはお坊さんが造った？

明治時代に入ると、全国を鉄道で結ぶため多くの貨物用トンネルが掘られた。西洋の技術力あっての事業だが、実は江戸時代の中頃には既に人の手でトンネルが掘られていた。そのトンネルが、大分県中津市にある**「青の洞門」**だ。しかもその中心になったのは禅海《ぜんかい》というお坊さんだったという。

「青の洞門」開削以前の耶馬渓《やばけい》の競秀峰《きょうしゅうほう》は、いわばただの崖で道など整備されておらず、壁沿いの鎖にしがみつくほかに移動手段がなかった。人が通るには大変危険な道である。旅の身にあった禅海和尚はそんな危険な旅路で命を落とす人を見て、**慈悲心から開削を決意した**のだ。

断崖絶壁の競秀峰。この競秀峰を貫く青の洞門は県の史跡にも指定されている。（© Kaidai）

禅海は開削費用を集めて石工を雇い、自らも参加してノミと槌だけで岩壁を穿ち続けた。そうした先の見えない地道な作業を約30年続けた結果、全長約３４２メートル、トンネル約１４４メートルの青の洞門が完成した。第１次工事完了後は資金を集めるため通行税を取ったため、日本初の有料道路とも呼ばれる。

この青の洞門は菊池寛《きくちかん》の小説『恩讐の彼方に』の題材にもなったため有名になった。しかし、１９０６年に大改修が行われて原型の大部分が失われてしまったという。

青の洞門を掘った禅海の銅像（画像引用：大分県ホームページより）

149

四国遍路はいつから行われている?

四国の空海ゆかりの88寺院を巡る**四国遍路**が2014年、開創1200年を迎えた。距離にして1100～1400キロメートルという長大な道のりだが、年間で10万から50万ほどの人がこの巡礼を行っているという。距離が長いため、自転車や車を利用する人が多いが、笠をかぶって杖をつきながら四国を歩き回る本格派も少なからずいる。こうした大規模な風習はどのようにして生まれたのだろうか?

白衣をまとって笠を被り、金剛杖をついて寺院を目指す巡礼者

古くから、四国は都から離れた辺土であったため、修験者や僧侶の修行の場であった。四国の讃岐国出身の空海もそうした修行者の1人だったといわれている。**その修行者・空海の足跡**

を追おうとした弟子達によって四国遍歴の旅が行われたことで、遍路の原型がつくられたと考えられている。

江戸時代になると、修行者以外でも遍路に参加する者が現れ、１６８７年には『四国辺路道指南』というガイドブックが出版された。この本は江戸時代を通じて長く読まれ、改訂と増補を繰り返して遍路の大衆化に大きな役割を果たした。

そうした歴史があったことから、現在でも観光に訪れる人が多いが、本来の目的は修行によって宗教的な高みを目指すことなので、中には到達するのに骨の折れる寺院もある。修行場としての性格を残そうと観光地化されていない場所もあるため、遍路に行きたいという人はきちんと下調べをすることをおすすめする。

ちなみに、ここから回るべきというルールは特にないが、１から88の寺院を回る呼び名はある。徳島県の1番札所から四国を時計回りに巡ることを順打ちといい、逆回りを逆打ちという。逆打ちの方が道に迷いやすいため順打ちより功徳が3倍あるとされ、順打ち中の空海に会えるという伝承が残っている。

150

黒いダイヤを生み出した海上都市・軍艦島

長崎県には大小合わせて971の島がある。その中の一つの端島《はしま》、通称**軍艦島**は明治時代に造られた人工島だ。周囲は1・2キロメートルと小さな島だが、**黒いダイヤ**と呼ばれた**石炭**を産出する海底炭鉱であったため、多くの労働者であふれ、人口密度は世界一高かったという。

エネルギーが石炭から石油へと移った現在では閉山され、誰も住まない無人島となっているが、2009年4月から**島の見学が可能**になったため、約35年ぶりに一般の人々でもその姿を目にすることができるようになった。その結果、廃墟化して異様な空気を放っている軍艦島は一躍有名になって27万人以上の人々が訪

軍艦島の全景。アパート、学校、病院、プールなどがこの小さな島に詰まっていた。(© kntrty)

れ、メディアでもたびたび取り上げられるようになったのである。

　アパートや神社、学校、病院など、約30年前の島の生活がほとんどそのまま残されているが、建物は崩れて風化が進み、地面には緑が広がっている。炭鉱都市時代の面影を残しながらも、時代の流れを実感させる貴重な空間へと変貌を遂げたのだ。

　２０１５年には殖産興業という日本の近代化政策の歴史を伝える遺跡として、世界遺産登録にも登録された。この後も注目度が大きくなっていけば、近代化を支えた炭坑島の人々がどのような生活を送っていたのか、考え直すきっかけになるだろう。

廃墟化した軍艦島の様子。長い年月を経て至る場所に緑が生い茂るようになった。（© jon）

沖縄地方

近畿地方

中部地方

関東地方

索引

北海道地方

東北地方

彩図社好評既刊本

最新研究でここまでわかった

日本史 通説のウソ

日本史の謎検証委員会 編

「錦の御旗がきっかけで、幕府軍は鳥羽伏見の戦いに敗れた」

「坂本龍馬がリーダーシップを発揮して、薩長同盟は成立した」

これらの歴史常識が、もう通用しない!? 新たな遺構の発掘や、新史料の発見、さらには史料の比較・検証の結果明らかになった、日本史の新常識を紹介。読み進めれば、歴史の意外な真相を知ることができる。


ISBN9978-4-8013-0286-0 B6 判 本体 880 円+税

【カバー画像】
伊能中図関東部分富士山周辺（NISSHA 株式会社所蔵）

興福寺五重塔（© scarletgreen and licensed for reuse under Creative Commons Licence）
シーサー（© Yaco and licensed for reuse under Creative Commons Licence）
出雲大社神楽殿（© Haragayato and licensed for reuse under Creative Commons Licence）
坂本龍馬像（© 京浜にけ and licensed for reuse under Creative Commons Licence）
鎌倉大仏（© Dirk Beyer and licensed for reuse under Creative Commons Licence）
スカイツリー（© Kakidai and licensed for reuse under Creative Commons Licence）

【章扉画像・本文頁上部デザイン画像】
大日本府県名所一覧（国土地理院）

知れば知るほど面白い！

日本地図150の秘密

2019年4月22日　第1刷
2020年9月29日　第2刷

編　者　日本地理研究会

発行人　山田有司

発行所　株式会社　彩図社
東京都豊島区南大塚 3-24-4
MT ビル　〒 170-0005
TEL：03-5985-8213　FAX：03-5985-8224

印刷所　新灯印刷株式会社

URL：http://www.saiz.co.jp
https://twitter.com/saiz_sha

ISBN978-4-8013-0365-2 C0025